SERVIÇO SOCIAL DO COMÉRCIO
Administração Regional no Estado de São Paulo

Presidente do Conselho Regional
Abram Szajman
Diretor Regional
Luiz Deoclecio Massaro Galina

Conselho Editorial
Carla Bertucci Barbieri
Jackson Andrade de Matos
Marta Raquel Colabone
Ricardo Gentil
Rosana Paulo da Cunha

Edições Sesc São Paulo
Gerente Iã Paulo Ribeiro
Gerente adjunto Francis Manzoni
Editorial Cristianne Lameirinha
Assistente: Antonio Carlos Vilela
Produção gráfica Fabio Pinotti
Assistente: Thais Franco

ALBERTO MANGUEL
UMA VIDA IMAGINÁRIA

CONVERSAS COM SIEGLINDE GEISEL

TRADUÇÃO
HUMBERTO DO AMARAL

edições sesc

Título original: Alberto Manguel. An Imaginary Life. A Conversation with Sieglinde Geisel
© 2021 by Kampa Verlag AG, Zürich
c/o Schavelzon Graham Agência Literária
www.schavelzongraham.com
© Edições Sesc São Paulo, 2025
Todos os direitos reservados

Tradução Humberto do Amaral
Preparação Silvana Cobucci Leite
Revisão Edgar Costa Silva e Sílvia Balderama Nara
Capa, projeto gráfico e diagramação Estúdio Claraboia

Dados Internacionais de Catalogação na Publicação (CIP)

Al147   Alberto Manguel: uma vida imaginária / Alberto Manguel; Sieglinde Geisel; tradução: Humberto do Amaral. – São Paulo: Edições Sesc São Paulo, 2025. – 132 p.

ISBN 978-85-9493-302-7

1. Alberto Manguel. 2. Escritor Argentino. 3. Entrevista. 4. Leitura. 5. Livros. 6. Literatura. 7. Biblioteca. 8. Biografia. I. Título. II. Geisel, Sieglinde. III. Amaral, Humberto do.

CDD 801

Elaborada por Maria Delcina Feitosa | CRB/8-6187

Edições Sesc São Paulo
Rua Serra da Bocaina, 570 – 11º andar
03174-000 – São Paulo SP Brasil
Tel.: 55 11 2607-9400
edicoes@sescsp.org.br
sescsp.org.br/edicoes
🆕 /edicoessescsp

SUMÁRIO

- 8 NOTA À EDIÇÃO BRASILEIRA
- 10 INTRODUÇÃO
- 12 UM TEMPO ENCLAUSURADO
- 14 CONTAR UMA HISTÓRIA DA LEITURA
- 18 UMA INFÂNCIA COM ELLIN
- 27 O MILAGRE DO TEMPO
- 29 A FELICIDADE É EXCEÇÃO
- 34 SENHOR LEITURA
- 36 IDENTIDADES VARIÁVEIS
- 40 VIDA E LINGUAGENS
- 48 APRENDENDO COM JORGE LUIS BORGES
- 52 VIVENDO COM DANTE
- 61 O LEITOR COMO ARQUEÓLOGO
- 65 VIRANDO COSMOPOLITA
- 70 ALGO PARECIDO COM *HEIMAT*?

74	A BIBLIOTECA EM MONDION
82	LIVROS SOBRE LIVROS
84	O LIVRO COMO OBJETO
88	LITERATURA E TERAPIA
92	O ANIMAL CONTADOR DE HISTÓRIAS
97	O FANTÁSTICO NA RELIGIÃO
100	PAI
103	MÃE
105	DIRETOR DA BIBLIOTECA NACIONAL DA ARGENTINA
115	SER ALFABETIZADO
118	A ÚLTIMA PÁGINA
121	A BIBLIOTECA EM LISBOA
125	A PANDEMIA REVISITADA
127	UM NOVO CAPÍTULO
131	SOBRE O ENTREVISTADO E A ENTREVISTADORA

NOTA À EDIÇÃO BRASILEIRA

Quando o mundo foi assaltado pelo coronavírus, Alberto Manguel viu-se obrigado a abandonar uma agenda repleta de compromissos e retornar à sua casa, em Nova York, e aos livros que lhe são tão caros. As conversas com a jornalista Sieglinde Geisel deixaram de ser ao vivo para submeterem-se à virtualidade e ao enclausuramento. Apesar deles, o espírito cosmopolita de um dos maiores estudiosos do livro e da leitura é o que ora se revela, não apenas por Manguel ser um judeu, nascido na Argentina, que adotou o Canadá como pátria. Tampouco por ter vivido em diferentes países da América e da Europa. Mas, sobretudo, porque seu amor aos livros é o pilar de uma vida imaginária alheia a fronteiras espaço-temporais, dotando-o da liberdade típica dos que fazem da leitura um território de resistência e revolução.

Em *A importância do ato de ler*, Paulo Freire afirma que "a leitura do mundo precede a leitura da palavra". De maneira semelhante, Manguel considera que "a leitura se estende para muito além das palavras; também lemos imagens, paisagens, as expressões dos outros, lemos nossas intuições".

E de que mundo o escritor nos fala desta vez? Sua infância e os tempos de formação, sua família, a percepção de que permanece como um ser em construção, a leitura como cerne da própria existência, as bibliotecas de sua vida, com ênfase para a que foi criada em uma casa paroquial no interior da França para acolher e dar vida a um acervo de 40 mil títulos e cujo fim consolidou-se como uma das mais dolorosas perdas experimentadas por Manguel.

Passados alguns anos de desesperança, causada pelas dúvidas quanto ao destino desse acervo, a partir de 2024 a biblioteca de Alberto Manguel estará sediada em Lisboa, no Centro para o Estudo da História da Leitura, espaço público dedicado às literaturas de origens distintas, à difusão da leitura e do conhecimento humano reunido no objeto-livro, cuja tecnologia atravessa séculos no intuito de fortalecer o espírito crítico e a liberdade de pensamento.

Esta obra se soma a *O leitor como metáfora* e *Notas para uma definição do leitor ideal*, publicados anteriormente pelas Edições Sesc, no intuito de difundir a cultura do livro e da leitura junto a um público mais amplo e diverso, além de contribuir para a formação crítica dos sujeitos e a liberdade de ideias.

INTRODUÇÃO

> Alice riu. "Não adianta tentar", disse; "não se pode acreditar em coisas impossíveis."
> "Com certeza não tem muita prática", disse a Rainha. "Quando eu era da sua idade, sempre praticava meia hora por dia. Ora, algumas vezes cheguei a acreditar em até seis coisas impossíveis antes do café da manhã."
>
> Lewis Carroll, *Através do espelho e o que Alice encontrou por lá*

"Não é aquele autor que só escreve livros sobre livros?", disse o livreiro da Saint George, uma livraria em Prenzlauer Berg, quando pedi algumas obras de Alberto Manguel. Desde *Uma história da leitura*, esse se tornara um nome de peso para mim. Li o livro imediatamente após sua publicação, em 1996, e senti como se estivesse esperando há muito tempo por uma obra sobre leitura como aquela. Eu não era a única: *Uma história da leitura* virou um *best-seller* e apareceu em 35 línguas. Graças a ele, Manguel, canadense nascido na Argentina e cidadão do mundo, ficou famoso da noite para o dia.

Alberto Manguel talvez seja o leitor mais "prolífico" do planeta: desde a publicação de *Dicionário de lugares imaginários* – um guia de viagem para cidades e regiões da literatura fantástica – com Gianni Guadalupi, em 1981, ele compilou dezenas de antologias; também escreveu muitos outros livros sobre literatura e leitura, além de cinco romances. Muitas de suas obras tratam de encontros com livros, seja em textos sobre a perda de sua biblioteca (*Encaixotando minha biblioteca*, 2018), sobre a *Divina comédia* de Dante (*Uma história natural da curiosidade*, 2015) ou sobre as metáforas da leitura (*O leitor como metáfora: o viajante, a torre e a traça*, 2013).

Os livros de Alberto Manguel não se parecem em nada com as fontes secundárias, tantas vezes tão carregadas de teoria, dos cursos de Estudos Literários; em vez disso, são conversas contínuas com livros, frequentemente com muitos anos de duração. De 2016 a 2017, Alberto Manguel exerceu o cargo de diretor da Biblioteca Nacional da Argentina – um posto ocupado décadas antes por Jorge Luis Borges, para quem Manguel, dentre outros voluntários, lia em voz alta nos anos 1960.

Originalmente, nós nos encontraríamos em Zurique em maio de 2020 para as conversas que compõem este volume, mas a pandemia de covid cancelou todos os planos de viagem – e, assim, conduzimos nossos diálogos de forma digital por telas de computador, começando em abril de 2020. Alberto se sentava à sua mesa, em Nova York, às 9 da manhã, enquanto eu estava em Berlim, às 3 da tarde. Durante nossas interações, Alberto se mudou duas vezes: no verão, ele e seu parceiro, Craig Stephenson, foram para Montreal, e, em setembro, para Lisboa, cujo prefeito ofereceu uma casa para a lendária biblioteca de Manguel: os 40 mil volumes vinham sendo guardados em um depósito em Montreal desde 2015, mas agora estão de mudança para um palácio situado na parte antiga da cidade portuguesa, onde formarão a sala central de um "Centro de Estudos da História da Leitura" chamado Espaço Atlântida.

Teriam nossas conversas sido diferentes caso estivéssemos sentados à mesma mesa? "A presença virtual não é a mesma coisa que a presença física", diz Alberto Manguel. "Dante reconhece esse fato na *Divina comédia* quando tenta abraçar almas." Alberto e eu nunca nos encontramos fisicamente, mas, ainda assim, uma familiaridade surpreendente emergiu de nossa rotina de conversas entre telas.

Não há como saber se eu teria perguntado coisas diferentes ou se Alberto teria dado outras respostas caso estivéssemos fisicamente um em frente ao outro. De uma coisa tenho certeza: a diminuição forçada de ritmo nos deu mais tempo e tranquilidade para nossas trocas do que teria sido possível em pausas encaixadas entre o vaivém das viagens.

UM TEMPO ENCLAUSURADO

SG —— Estamos em meados de abril de 2020 e já há algumas semanas a vida vem sendo dominada pela pandemia do coronavírus. A questão "como você está?" perdeu a inocência. De todo modo, posso perguntar como você está?

AM —— Houve momentos em minha vida em que eu disse: alguma coisa precisa mudar, alguma coisa que me permita tomar outra rota. Fico um pouco assustado quando esses pensamentos aparecem, porque o que acontece na sequência é algo completamente inesperado e que foge do meu controle.

Nestes últimos dois anos, desde que voltei da Argentina, vinha querendo que algo mudasse. Em Buenos Aires, tive uma das experiências mais extraordinárias de minha vida como diretor da Biblioteca Nacional e, depois de uma vida social intensa naquela cidade, pensei que viveria de forma muito mais tranquila neste pequeno apartamento aqui em Nova York. Mas, a não ser que você seja Stephen King ou Elena Ferrante, os livros não vão pagar seu salário, e por isso comecei a aceitar convites para ministrar seminários, cursos e palestras para ganhar meu sustento.

Nunca viajei tanto como nestes últimos dois anos. Só neste mês de abril, eu teria estado em Portugal, Paris, Kiev, Milão e Turim. Fiquei tão farto de aeroportos, da espera em aeroportos e do desconforto dos aviões! Carl Gustav Jung conta uma história de sua infância, quando um tio o parou na rua e perguntou: "Você sabe como o diabo tortura as almas no inferno?". Jung fez que não com a cabeça. "Ele as faz esperar", disse o tio, e foi embora. Eu pensei: essa é minha punição, estão me fazendo esperar.

SG —— Você tinha esperança de que algo mudasse?

AM —— Quando eu esperava em um desses aeroportos, pensava: queria estar em casa e poder ficar com meus livros. Eu tinha uma biografia de Maimônides para escrever e que já estava encomendada antes da minha mudança para a Argentina. Além disso, também estou escrevendo algo que estou chamando de *Katabasis* [Catábase]: uma descida ao reino dos mortos em que conversarei com *meus* mortos, as pessoas que foram importantes em minha vida e que já não estão mais aqui. E tenho um vício secreto: faço bonecos.

 Eu queria estar em casa para poder fazer todas essas coisas, mas era impossível. E, de repente, a epidemia do coronavírus aconteceu. Eu estava em Paris, tinha que fazer uma palestra no Collège de France, o que muito me orgulhava, mas, quando ouvi que os Estados Unidos iam fechar os aeroportos para viagens vindas da Europa, peguei o próximo avião e voltei.

SG —— De que forma sua vida mudou?

AM —— Paradoxalmente, ela ficou ao mesmo tempo mais tranquila e mais agitada. Por conta das viagens, eu tinha que adiar constantemente meus projetos. Agora, de uma hora para outra, posso trabalhar em meus livros, mas não tenho tempo suficiente. Eu acordo às 5 da manhã e, no fim do dia, sinto que não fiz nada.

SG —— Mas o seu desejo se tornou realidade, você está em casa.

AM —— Para finalmente responder sua pergunta sobre como estou: não ouso confessar isso, porque tenho bastante consciência do imenso sofrimento e da enorme devastação que o vírus está causando. Mas, apesar de tudo, apesar de testemunhar a angústia e a desolação ao meu redor, estou muito feliz. Egoisticamente feliz, poderíamos dizer. Gosto de estar em casa. Moramos a dois quarteirões do rio Hudson, e eu costumava caminhar ao lado do rio, mas, depois de algum tempo, já não faço nem isso. Tenho asma, diabetes, todos os tipos de coisas, e então é arriscado demais. Estou em casa desde meu aniversário, que foi em 13 de março. Sou grato por cada novo dia que me é concedido.

SG —— Tenho que confessar que pensei que, assim que a pandemia do coronavírus acabar, nós deveríamos respeitar uma semana de "tempo de corona" por mês, só para relaxar.

AM —— Não chamemos esse intervalo de "tempo de corona", chamemos de um tempo enclausurado: um tempo para ficar em casa e simplesmente não sair.

CONTAR UMA HISTÓRIA DA LEITURA

SG —— Você ficou famoso com *Uma história da leitura*. Como esse livro surgiu?

AM —— Em 1987, o *New York Times* pediu que eu escrevesse um ensaio, e, como já havia feito várias antologias, decidi escrever um ensaio sobre antologias. Eles gostaram e pediram mais um, e, como sempre me defini como leitor, e não escritor, perguntei a mim mesmo: o que é que faço como leitor? Quando comecei a escrever, percebi muito rapidamente que três páginas não bastariam, eu precisaria de pelo menos trezentas. Eu tinha que investigar tudo o que me viesse à mente. O que acontece em meu cérebro quando leio? Como a leitura se associa com a memória? Por que lemos em voz baixa? Havia milhares de questões. Quando o livro foi publicado, em 1996, foi um sucesso internacional. Foi o único livro que escrevi a se tornar um *best-seller*.

SG —— Você foi o primeiro autor a escrever sobre a leitura.

AM —— No começo dos anos 1990, quando comecei a trabalhar no livro, havia muita literatura sobre a história dos livros, mas praticamente nada do ponto de vista do leitor, a não ser por uma antologia acadêmica de ensaios importantes que Roger Chartier publicou naquele mesmo ano sobre a história da leitura.

Quando comecei minha pesquisa, percebi que não sabia nada sobre o que fazia como leitor. Comecei com o capítulo sobre a leitura silenciosa. Encontrei o exemplo clássico nas *Confissões* de Santo Agostinho, quando ele descreve como encontrou Santo Ambrósio lendo no quarto, "mas nenhum som saía de sua boca"; os lábios de Ambrósio não se mexiam. Pelo espanto de Agostinho, podemos supor que a leitura silenciosa não era comum.

Mas a questão é complicada, porque encontramos outros casos, como no exemplo de Júlio César lendo uma carta em silêncio. Na Grécia e em Roma, não havia sinais de pontuação na escrita. Todas as letras eram maiúsculas, sem espaço entre as palavras, e então era mais fácil decifrar uma frase se a lêssemos em voz alta. Essa é uma teoria de por que a leitura silenciosa não era comum.

SG —— A leitura é um assunto fugidio. Como você fez para pesquisar? Isso foi antes da internet.

AM —— Eu não usei nem mesmo computadores. Quando comecei a escrever sobre Santo Agostinho, percebi que não sabia qual era a aparência dele. Quando escrevemos, precisamos desses detalhes, e eu queria que o livro fosse ilustrado. Fui a livrarias e sebos para encontrar imagens, eu e meu parceiro copiávamos ilustrações e, depois, rastreávamos as fontes. É nessas ocasiões que o acaso se torna um colaborador maravilhoso. Por exemplo, nós fomos ver uma exposição das obras-primas dos museus de Dresden que havia sido organizada por um museu na França, e lá descobri um retrato que Gustav Adolph Hennig havia feito de uma jovem lendo em frente a um fundo verde. Soube imediatamente que essa seria a capa do livro.

SG —— O que você descobriu sobre o processo de leitura?

AM —— Como atividade humana, a leitura se estende para muito além da leitura de palavras, e então há muitas definições; também lemos imagens, paisagens, as expressões dos outros, lemos nossas intuições. Se nos limitarmos à leitura de palavras, o ato se torna quase o processo alquímico de uma transformação constante: signos que foram escritos para representar certos sons que representam certas ideias. E podemos reverter o processo: de ideias que são representadas por certos sons para signos que, por sua vez, representam estes últimos. O processo é complexo. Quando quero escrever "eu leio", escrevo as letras com o som em minha cabeça. Mas quando você lê "eu leio", pode ser que pense em algo inteiramente diferente do que eu havia pensado quando escrevi "eu leio". Pode ser que sua representação consista em você em sua casa, confortável com um livro, enquanto eu estava pensando no ato abstrato que define quem sou.

 Há um fosso epistemológico entre quem escreve os signos e quem recebe esses signos. O escritor, aquele que escolhe os signos, desaparece quando termina de escrever. Eu não olho por cima do seu ombro quando você lê, as palavras permanecem no limbo da página.

SG —— O que acontece em nosso cérebro quando lemos?

AM —— A leitura é um processo fisiológico em que agrupamentos de neurônios são disparados para fazer conexões. Mas essas conexões abrangem tantas áreas diferentes do cérebro que não é possível rastreá-las com clareza. A neurocientista Maryanne Wolf publicou recentemente um ensaio no *The Guardian* sobre o que acontece no cérebro de crianças expostas à leitura apenas em telas – e, durante a pandemia, elas leram muito mais em telas do que antes. Aparentemente, o cérebro está sendo alterado. Isso não é necessariamente uma coisa ruim, porque nosso cérebro, como espécie, continua a mudar, mas é ruim no sentido de que as funções de certas zonas estão morrendo. A leitura em telas está associada a vias neurológicas ligadas às imagens, e não às palavras. Estamos desenvolvendo uma rede fisiológica iconográfica em detrimento da rede neurológica intelectual verbal.

SG —— No último capítulo de *Uma história da leitura*, você diz que aquele livro permanecerá inacabado.

AM —— Depois que terminei todos os capítulos, ainda havia tantas coisas sobre as quais eu queria escrever. Na época, a mídia eletrônica estava começando a se popularizar e tudo estava mudando tão rápido que, quando eu escrevia algo pela manhã, à tarde as coisas já eram diferentes. É por isso que no último capítulo digo que escrevi "*Uma* história da leitura", mas "*A* história da leitura" ainda precisa ser escrita.

SG —— É um livro bastante acessível.

AM —— Quando mandei o manuscrito para um amigo, o filósofo canadense Stan Persky, ele me disse que o livro era interessante, mas que algo estava faltando. Ele disse: "Sua voz não está lá, todas essas anedotas que você me contou sobre conhecer Borges e assim por diante. Não consigo me envolver com este livro a não ser que você me conte como lia quando era criança, para que eu possa comparar com como eu lia quando criança. Você precisa se colocar dentro dele".

Eu havia relutado em usar a primeira pessoa do singular, mas, depois disso, passei por todo o livro e fui me inserindo nele, que, assim, se tornou o que é.

SG —— Por que você relutou em usar a primeira pessoa do singular?

AM —— Isso começou quando eu era criança. Minha primeira grande frustração com a literatura foi com *A ilha do tesouro*, de Robert Louis Stevenson. Quando percebi que o narrador, o menino Jim Hawkins, não era o autor que assinava o livro, fiquei chocado. "Como posso contar uma história dizendo que este sou eu, mas não sou?" Seria como se, no meio de nossa conversa, você dissesse "não sou Sieglinde, sou John Smith". É claro, mais tarde entendi o que estava acontecendo de um ponto de vista literário, mas, quando era criança, aquilo me deixou muito desconfortável.

Outro aspecto se devia à minha irritação com autores como Karl Ove Knausgård. Depois de vinte páginas, tenho vontade de dizer: "por que eu deveria estar interessado no fato de que você não encontrou a barra de chocolate que estava procurando e teve que comer outra, e depois teve que ir ao banheiro três vezes?". Qual é o interesse intelectual nisso, além da equivalência aos *reality shows*? É como um zoológico. Não acredito que a literatura deva ser um zoológico, e, se ela é um zoológico, eu certamente não quero me colocar em uma jaula para que as pessoas me vejam.

SG —— Mas desde então sua atitude diante do narrador em primeira pessoa mudou. Você o usa em todos os seus livros.

AM —— Agora uso o narrador em primeira pessoa com frequência, mas apenas para proporcionar um ponto de vista mais confortável ao leitor: "Veja, assim como você, estou sentado em uma cadeira, deixe-me contar o que penso". Mas não vou além disso, não quero contar ao leitor todos os detalhes de minha vida privada.

UMA INFÂNCIA COM ELLIN

SG —— A literatura sempre esteve no centro da sua vida.

AM —— Ah, sim, desde muito cedo, quando eu era criança. Minhas circunstâncias pessoais foram bastante únicas, ainda que eu não soubesse naquela época. Não fui criado por meus pais, mas por Ellin, minha babá. De certa forma, fui filho único, porque era o mais velho e quase sempre fui mantido distante dos meus irmãos.

SG —— Não havia outras crianças?

AM —— Eu não tinha contato com outras crianças. Não sei por que não fui colocado com outras crianças para brincar.

SG —— Como Ellin era?

AM —— O primeiro ensaio em meu *Katabasis* é sobre Ellin. O texto tem um título em alemão, "Selbstgefühl". Encontrei a palavra enquanto lia Christa Wolf, e ela me marcou. Trata-se de um conceito bastante complicado e maravilhoso, que se aplica ao que quero tentar dizer sobre Ellin: como, mesmo em situações difíceis, ela ainda tinha um senso de si que lhe permitia ser uma maravilhosa figura parental-instrutora para mim.

SG —— Quem era ela?

AM —— Ellin veio de uma família de judeus tcheco-alemães de Stuttgart. Quando os nazistas chegaram ao poder, a família passou algum tempo em Stuttgart antes de conseguir sair. O pai era engenheiro, e também havia a mãe, um irmão e uma irmã mais velha. O irmão de Ellin entrou para a resistência na Inglaterra, enquanto os pais e as duas meninas foram para a América do Sul. Quando chegaram ao Paraguai, havia bandeiras com suásticas por toda parte, porque o presidente do país, Higino Morínigo, era um simpatizante do nazismo. O pai de Ellin se suicidou, e a mãe morreu pouco tempo depois. A irmã dela conheceu um inglês que vivia em Buenos Aires, casou com ele e disse a Ellin que os acompanhasse até Buenos Aires para procurar um emprego.

Quando meu pai, que era judeu, foi nomeado embaixador em Israel, em 1948, eu havia acabado de nascer. Ele publicou um anúncio para a contratação de uma babá, e Ellin se candidatou. Há um episódio que era contado na minha família. Naquela época, eu tinha uns três meses de idade e sofria de asma, e, quando Ellin veio se apresentar, eu não parava de gritar. Ela disse: "Não posso aceitar o trabalho". Mas meu pai já estava com o passaporte dela e falou: "Não devolverei seu passaporte a não ser que você venha conosco para Israel". Ele meio que a sequestrou, e foi assim que Ellin virou minha babá.

Ela era uma mulher de uma *deutsche Kultur* [cultura alemã] profunda. Não era uma pessoa religiosa; se tinha fé, era uma fé na *Kultur*. Comparando com os Estados Unidos: existe uma decência estadunidense básica, uma tradição de democracia, uma cultura que Trump fez de tudo para destruir. E, da mesma forma, Hitler fez de tudo para destruir a *Kultur*, mas ela ainda estava lá.

SG — O que você quer dizer com "*deutsche Kultur*"?

AM — Para Ellin, era evidente que uma criança deveria saber geografia, história, matemática, que deveria conhecer as grandes obras da literatura de cor. Ela também me ensinou habilidades como costurar e cozinhar. Essa ideia de *Kultur* era parte de uma vida normal. Ela me dizia que, quando morava em Stuttgart, a família ia ao teatro todos os sábados. Antes de irem ao teatro, eles se sentavam ao redor da mesa, liam a peça, discutiam o texto e, depois, iam assisti-la. Isso me fascinava, porque eu não tinha nenhum tipo de vida familiar.

SG — Como eram suas interações com Ellin?

AM — Estive com ela até mais ou menos os 8 anos de idade, e ela me tratava como um adulto – com todo o respeito e todo o incentivo à minha inteligência que seriam dados a um adulto. Ela não tinha ideia de que crianças não eram adultos. Líamos partes de *Der zerbrochene Krug* [O jarro quebrado], líamos trechos do *Fausto*. Decorei poemas de Goethe, de Heine: "Nach Frankreich zogen zwei Grenadier', die waren in Rußland gefangen" [Dois granadeiros marchavam de volta para a França; Eles haviam sido prisioneiros na Rússia], ainda consigo recitá-los. Para ela, era óbvio que as coisas deviam ser assim.

SG —— Quando você tinha 4 anos de idade, descobriu que era capaz de ler. Como isso foi possível?

AM —— Simplesmente aconteceu. Ellin lia para mim e eu acompanhava por cima do ombro dela. Ela lia em alemão e em inglês, e o alemão era escrito em letras góticas. Para mim, identificar as letras góticas era tão fácil como entender as romanas, já que eu estava acostumado com a leitura dela e estava familiarizado com essas letras. Os sons eram os mesmos, mas as imagens eram diferentes. "Katze" [gato] em letras góticas não se parece com "Katze" em letras romanas. Para perceber isso, era importante desenvolver uma certa facilidade de passar de uma língua para a outra. Se "Katze" em letras romanas tem a mesma ideia de "Katze" em letras góticas, então "Katze" em ambas é o mesmo que "cat", e depois "gato" e, daí, "chat". Meu cérebro me preparou para essa transição. Os fisiologistas nos dizem que a criança que aprender uma segunda língua até os 6 anos aprenderá outras com muito mais facilidade, já que o cérebro ainda não se fixou em uma via linguística única; assim que abrimos duas vias, cada um desses ramos pode levar a muitos outros, e há infinitas possibilidades.

SG —— Você se lembra do momento em que percebeu que era capaz de ler?

AM —— Eu me lembro perfeitamente desse momento. Estávamos sentados no carro, e, do lado de fora, nas ruas de Tel Aviv, havia um cartaz. De repente, eu sabia o que as letras no cartaz estavam dizendo. Elas não estavam em hebraico, mas em inglês, porque muitos dos cartazes eram escritos em inglês. Eu conseguia ler! Sabe esses testes em que nos mostram uma silhueta e, de uma hora para outra, vemos um rosto? Foi um momento mágico, de repente alguma coisa engatou. De repente eu via o que quer que as letras estivessem dizendo e, a partir daí, senti que eu era um mágico. Eu conseguia transformar manchas de tinta em palavras, e já não precisava esperar que Ellin estivesse pronta ou disposta a ler para mim para continuar a história. Eu podia pegar os livros e ler por conta própria. Eu fiquei tão, mas tão contente!

SG —— O que a leitura significava para você durante a infância?

AM —— Desde muito cedo tive consciência de que o mundo exterior, aquilo que não estava em mim, estava nos livros. Eu já havia tido a experiência de viajar, e então, quando lia sobre viagens em um livro, podia compará-las às viagens que fizera com Ellin. Mas, quando lia sobre amizade nas histórias, eu pensava "sim, é uma possibilidade, talvez um dia". Quando li sobre a morte, pensei "sim, isso é algo que acontecerá comigo". A realidade era basicamente a realidade da página, a realidade das palavras.

SG —— Você se identificava com os personagens?

AM —— Ah, sim, de muitas formas e em muitos graus. Por exemplo, eu me identifiquei enormemente com a Chapeuzinho Vermelho. Senti que a desobediência dela era uma necessidade de viver a própria vida. E, sem essa desobediência, não há história: se ela fosse direto para a casa da avó e entregasse os doces, a história acabaria depois da primeira frase. Eu me identifiquei com Kleiner Muck [o pequeno Muck]. Eu me identifiquei com Kasperle. E me identifiquei com coisas sombrias. Havia uma passagem das *Mil e uma noites*. Uma das primeiras histórias do livro fala sobre o rei das Ilhas Negras, que é traído pela esposa e transformado em uma coluna de mármore negro; ele é chicoteado pela esposa enquanto ela faz amor com um grande escravo negro. Eu achei aquilo empolgante, ainda que não soubesse por quê. Talvez houvesse uma veia sádica em mim.

Uma das histórias dos irmãos Grimm que eu adorava era *A noiva do ladrão*. Há uma cena terrível em que os ladrões levam a garota que estão prestes a assassinar até a casa deles. Eles a fazem beber três taças, uma de vinho branco, uma de vinho tinto e uma de vinho amarelo, o que faz com que o coração dela estoure, e depois cortam um de seus dedos para pegar um anel. O dedo salta para o barril de madeira em que a noiva real está escondida e, no fim, serve como prova das ações terríveis dos ladrões. Essas histórias eram muito assustadoras para mim, mas eu as adorava e as relia várias e várias vezes.

SG —— Como você escolhia seus livros quando era criança?

AM —— Ellin lia contos de fadas para mim e me dava coisas como as histórias das *Mil e uma noites* ou os contos de fadas de Hans Christian Andersen. Eu não gostava de Andersen na época, então não os lia.

SG —— Os contos de fadas dele não são para crianças, de qualquer forma.

AM —— Bem, e o que é para crianças?

SG —— Ellin decidia o que você devia ler?

AM —— Ellin nunca censurou minhas leituras. Ela nunca disse: "Isto não é para você, isto é literatura adulta". Ela lia os *best-sellers* da época e, certa vez, encontrei em sua mesa *O ministério do medo*, de Graham Greene, uma espécie de aventura com espiões. Peguei o livro e comecei a lê-lo. O conceito de literatura infantil não existia em minha infância. Havia livros que me interessavam e outros que não, essa era a única distinção.

Ellin me levava a uma livraria próxima à embaixada. Eu não alcançava as prateleiras mais altas, mas podia pegar o que quisesse das mais baixas. Ainda tenho meus dois volumes dos *Contos de fadas* dos irmãos Grimm com impressão gótica e ilustrações bastante sombrias; é parte de minha biblioteca.

SG —— Como você lidava com a literatura mais madura que lia ao lado de contos de fadas?

AM —— Eu gostava de alguns livros e não gostava de outros. Quando crianças, lemos com um olhar editorial. Corrigimos em nossas mentes e, depois, reformulamos. Suprimimos o que é chato, mudamos o que está estilisticamente errado ou o que não funciona do ponto de vista do enredo. Quando tentei ler alguns desses romances mais tarde, descobri que eram horríveis, porque agora eu lia o que estava na página. E, na infância, eu lia o que queria ler.

SG — Houve brincadeiras na sua infância? Ou apenas leitura e conversas?

AM — Eu não brincava com Ellin, a não ser por um jogo de tabuleiro, Ludo, mas eu não achava muito interessante. Eu tinha um conjunto maravilhoso de animais de papel machê que ganhei de Natal. Eu passava horas preparando palcos gigantescos no porão. Quando tudo estava pronto, guardava de volta, porque a brincadeira era montar esses cenários. Reconheço nisso uma tendência que conservo ainda hoje: gosto de manter as coisas em ordem.

SG — Você nunca tinha oportunidade de brincar com outras crianças?

AM — Quando vivi em Tel Aviv, uma irmã da minha mãe enviuvou. A família dela veio morar conosco na embaixada por alguns meses. Minha tia tinha dois filhos: uma menina, um pouco mais velha do que eu, de 6 ou 7 anos, e um menino de uns 9. Eu brincava com eles, e essa foi a primeira vez que tive alguma interação com outros da minha idade. Eu achava interessante porque podia representar certas coisas que havia lido. Eu pedia a meu primo mais velho que encenasse uma pequena peça baseada em *Alice no País das Maravilhas*. Ele tinha um disco com a canção *Alice in Wonderland* da Disney, que nós colocávamos para tocar. Eu representava o coelho, ele era a lagarta e minha prima interpretava Alice. Era uma novidade para mim. Assim, a brincadeira era em certo sentido uma *performance*, e sempre relacionada à literatura.

SG — Qual era sua relação emocional com Ellin? Você a amava?

AM — Ah, eu a amava! Ainda amo. Eu não tinha um relacionamento com meus pais. Eles falavam espanhol e um pouco de francês; eu falava inglês e alemão, e por isso não tínhamos uma língua comum para nos comunicarmos. Eu sabia dizer duas coisas em espanhol: "buenos días, señor" e "buenos días, señora". Eu era levado para vê-los talvez uma vez por dia e dizia essas coisas, ria e eles riam também.

Há tantas coisas estranhas nisso, porque minha mãe tinha uma paixão pela *Kultur* alemã sem saber nada sobre o tema, e não falava nada de alemão. Só bem mais tarde descobri quão extraordinário era que depois da guerra uma judia ficasse fascinada com a Alemanha de uma forma elogiosa. Minha babá me levou a excursões pela Jordânia, por Veneza, por Paris. Às vezes encontrávamos minha mãe e, em uma ocasião, ela decidiu que passaríamos seis meses na Alemanha. Sabe para onde ela escolheu que iríamos? Eu adoro o lugar: Garmisch-Partenkirchen, uma típica região hitlerista, como se escolhêssemos Vichy na França. Mas foi maravilhoso. Havia vacas com sinos que desciam as ruas pela manhã. Ficamos em uma bela hospedaria, com um riacho ao lado do hotel. Havia homens com *Lederhosen* e tudo mais, eu adorei. Mas nunca entendi por que minha mãe não fez essa conexão.

SG —— Ellin teve algum amigo em Tel Aviv na época em que cuidou de você?

AM —— Ela não tinha amigos, a não ser por uma mulher. Essa mulher também era uma judia alemã, que havia escapado de um campo de concentração e ido a Israel. Ellin nunca mencionava os nazistas. A Segunda Guerra Mundial era uma parte da história que não estudávamos, só chegávamos até o século XIX. Essa amiga tinha um número tatuado no braço, e Ellin disse: "Você verá um número no braço dela. Jamais pergunte o que significa". Eu sequer perguntei por quê; de alguma forma, entendi que isso era *verboten* [proibido]. Eu era o único relacionamento na vida dela, e ela se dedicava a mim de corpo e alma.

SG —— Que tipo de relação era essa? Você sentia que era como se ela fosse sua mãe?

AM —— Ellin foi como uma combinação parental. Ela era mãe, pai e todos os outros relacionamentos familiares que você pode imaginar reunidos em uma só pessoa.

SG —— Além de professora.

AM —— Sem dúvida professora. Ellin me ensinou números de mágica. Explorávamos o mundo, depois descobríamos a experiência nos livros, depois saíamos de novo para procurá-la no mundo. As pessoas me dizem o tempo todo "mas você deve ter se sentido extremamente infeliz!". Não me sentia. Eu tinha 24 horas por dia uma pessoa que, para mim, era a totalidade do mundo adulto e que não me tratava como alguém inferior. Ela nunca falou comigo como se eu fosse um bebê, respondia minhas questões com muita paciência, e a fórmula que usava era sempre "bem, não sei, vamos pesquisar", que é algo que hoje está entranhado em mim. Encontro vinte coisas que não conheço a cada dia, e então vou pesquisar sobre elas. Para mim, isso era uma brincadeira.

SG —— Quantos anos Ellin tinha?

AM —— Ela nasceu em 1914, em Rotemburgo do Fulda, e se tornou minha babá em 1948, então tinha trinta e poucos.

SG —— Como era possível se divertir sem brincadeiras, sem nenhuma outra criança?

AM —— Lembro de ficar empolgado com o dia seguinte quando ia dormir. O que faremos agora? O que leremos agora? Eu tomava o café da manhã apressado, para que pudéssemos começar as lições. Às vezes Ellin me levava a um parque maravilhoso não muito longe da embaixada. O parque ficava à beira-mar, começava atrás de um muro, como um jardim francês de rosas e espirradeiras, e depois adentrava a vegetação selvagem. As dunas levavam até o mar, e havia tartarugas-gigantes nelas. Eu amava aquelas tartarugas, pegava carona nos cascos delas. Íamos a alguma excursão nas minas de sal ou à Jordânia.

SG —— Você nunca foi castigado?

AM —— Não, não me lembro de ter sido punido. Lembro de um incidente: eu tinha um macaco de brinquedo e queimei uma de suas patas depois de tê-lo deixado muito perto de uma lâmpada. Na manhã seguinte, Ellin só me explicou quão perigoso aquilo tinha sido, mas não me puniu. Ela estabelecia regras, e essas regras funcionavam. Às vezes, Craig diz: "Você parece a Ellin falando". Eu lembro de algumas das coisas que Ellin costumava dizer em alemão, "*langes Fädchen, faules Mädchen*" [fio comprido, moça preguiçosa], quando eu tentava fazer as coisas com pressa e pulava etapas – na costura, temos a *"langes Fädchen"*, a linha que fica longa demais e acaba emaranhada. Quando eu tinha que fazer coisas como arrumar meu quarto ou preparar a lição de casa, ela dizia: *"Die Kuh muss Milch geben"* [a vaca precisa dar leite]. Ou então dizia: "Se você não quiser fazer algo, sempre encontrará uma desculpa!". Mas ela nunca diria: "Você tem que fazer isso!". Ela simplesmente parava por aí. Porém, sou muito bom em terminar meu trabalho dentro do prazo. Se tenho que escrever um artigo, não importa quão cansado esteja, não importa quão sem inspiração esteja, eu o farei.

SG —— Ela deve ter sido uma mulher extraordinária.

AM —— Ela era. Mas, curiosamente, e digo isso sem maldade, ela fazia todas essas coisas de forma inconsciente. Primeiro, como consequência de uma crença profunda na *deutsche Kultur*. E, depois, como resultado de uma falta absoluta de senso de humor. Em toda minha vida, jamais encontrei alguma pessoa a quem faltasse tanto humor como ela. Lembro quando meu pai comprou uma daquelas primeiras câmeras de projeção para crianças, e nós assistíamos a filmes de Charlie Chaplin e de O Gordo e o Magro. Era uma situação estranha: meu pai projetava os filmes para nós, conversava comigo e com meus irmãos e ríamos, mas, como ele falava em espanhol, não entendíamos uma palavra sequer. Essa era uma das raras vezes em que Ellin e eu nos reuníamos com meus irmãos, talvez uma vez por mês. Ellin ficava sentada ali e me dizia: "Ah, que esquisito, ele não viu a casca de banana, e agora escorregou nela!". Ela não entendia absolutamente nada da cena. De alguma forma, eu sabia que tinha algum tipo de senso, e meus irmãos e meu pai também tinham esse senso, que ela não tinha. Quando havia uma piada na história, ela não entendia. Era muito estranho.

Tive livros infantis em alemão, além de um livro em inglês, e um deles tinha umas piadas bobas para crianças. Uma das piadas de que me lembro era: "Quem é maior: o Sol ou a Lua?". A resposta: "A Lua, porque já pode sair sozinha à noite". Ellin não entendia. Ela me dizia: "Isso deve estar errado, porque o Sol é maior do que a Lua".

SG —— Talvez ela não entendesse ambiguidades?

AM —— Ela era muito direta, muito factual. Não havia sentimentalidade nela. Ela me contou uma história do começo da época nazista em Stuttgart. A família dela não se declarou judia, e foi obrigada a hospedar oficiais e soldados. Então, um soldado da SS foi morar na casa deles, mas era um jovem que odiava os nazistas. Ela me disse lembrar de quando ele entrou na casa, tirou o uniforme e começou a pisoteá-lo. Foi algo que a impressionou muito, como jovem mulher. E então ela entendeu que precisavam ir embora, e o pai conseguiu arrumar os vistos para a família. Em tudo isso, ela foi bastante factual. Quando era criança, ela contraiu poliomielite e passou um ano dentro de um pulmão de aço. Eu tinha pesadelos com aquela coisa terrível, ter que ficar deitado em um cilindro de chumbo por um ano inteiro, eu não conseguia nem pensar quão horrível isso seria. Mas, quando descreveu o tempo que passou no pulmão de aço, Ellin o fez de forma muito factual. Ela não disse "eu sofri", "pobre de mim", ou nada do tipo.

SG —— Você não sentia falta de nada, emocionalmente?

AM —— Desde o princípio, eu sabia que éramos muito diferentes. Mas um professor ou um pai ou uma mãe não precisam ser iguais à criança. Ele ou ela deve permitir que a criança seja quem ela quiser ser. E, nisso, Ellin era maravilhosa.

O MILAGRE DO TEMPO

SG —— Quais livros você lê agora, durante a pandemia?

AM —— Tenho lido alguns livros que falam sobre epidemias ou sobre pessoas obrigadas a ficar em algum lugar, como *Viagem ao redor do meu quarto*, de Xavier de Maistre, *Diário do ano da peste*, de Daniel Defoe, ou *Os noivos*, de Alessandro Manzoni. O que percebemos na maioria desses livros é que eventos como esses nos fazem viver o tempo de forma distinta. A peste é horrível, e a ameaça da morte está constantemente à nossa porta, mas experimentamos um tempo diferente para passar por essas coisas. Também encontramos a ideia da construção de um espaço para nós mesmos, forçada pelas circunstâncias, em *Robinson Crusoe*. Jorge Luis Borges tem um conto chamado "O milagre secreto". Nele, um dramaturgo tcheco é capturado pelos nazistas e será executado, mas ainda não acabou de escrever uma peça; quando é levado para o pátio em que o pelotão de fuzilamento está à espera, ele pede a Deus que lhe conceda tempo para terminar a obra. E, de repente, enquanto olha para os soldados prestes a atirar, ele percebe que o tempo congelou, que Deus lhe concedeu tempo para terminar a peça em sua própria cabeça. Ele termina a peça, e um dos soldados chega até a se transformar em um dos personagens do texto. Quando escreve a última palavra na própria cabeça, uma bala o atinge.

Podemos encontrar esse milagre secreto de uma nova percepção do tempo em quase toda a literatura sobre pandemias e isolamento.

SG —— Você sente que esse milagre também está acontecendo agora?

AM —— Esse milagre pode acontecer sob as piores circunstâncias, e estou bastante consciente de que, para muitas pessoas, a pandemia é um tempo terrível. Mas encontramos histórias como essa mesmo em campos de concentração. Durante a Segunda Guerra Mundial, a filósofa francesa Simone Weil estava com os pais em um campo de refugiados próximo a Casablanca. Ela se sentava de manhã até a noite em uma das poucas cadeiras disponíveis e escrevia. Quando não estava escrevendo, seus pais se revezavam para reservar a cadeira, de modo que ela não perdesse aquele lugar para se sentar e pensar.

Nos momentos mais terríveis – e a história está repleta deles –, a única atitude que pode nos salvar, não fisicamente, mas como seres humanos, é confiar em nosso intelecto e permitir que nossa imaginação trabalhe. Uma das coisas terríveis que aconteceram nos campos de concentração foi que as pessoas perderam o senso de que eram seres humanos e começaram a vagar como zumbis. Aqueles que eram afetados recebiam o nome de *Muselmänner*. Precisamos manter a imaginação em funcionamento para impedir que isso aconteça.

Nos campos de concentração, Primo Levi, que tentava ensinar italiano para um menino francês com a ajuda de Dante, deparou com a passagem da *Commedia* em que Dante encontra Ulisses, que reúne seus homens e diz:

Considerai a vossa procedência:
não fostes feitos pra viver quais brutos,
mas pra buscar virtude e sapiência.

É exatamente isso que acontece em momentos de grande ameaça.

A FELICIDADE É EXCEÇÃO

SG —— Tenho a impressão de que nossa sociedade nunca esteve em uma situação como a pandemia do coronavírus.

AM —— Sempre que algo assim acontece, pensamos que se trata de um evento único, "isso nunca aconteceu antes, o que faremos?". Bem, sob diferentes aspectos, esse tipo de evento acontece a todas as gerações. Coisas terríveis acontecem o tempo todo. Trump montou um campo de concentração para crianças no Texas, o que está acontecendo com elas? O que está acontecendo com os refugiados sírios na fronteira da Turquia, com os refugiados nas ilhas gregas? Passamos por muitas coisas como espécie, e a pandemia do coronavírus é mais uma. A única diferença é que ela é universal em um sentido que antes não era possível. Quando não tínhamos internet, não sabíamos como as coisas eram em outros lugares.

SG —— Nós dois somos privilegiados o bastante para não sofrer gravemente com a quarentena, e imagino que nossos sentimentos mudarão conforme a pandemia continue. Como você lida com esse privilégio, sabendo que para tantas pessoas a pandemia é um risco existencial?

AM —— Como você lida com o fato de que, a cada vez que come um pedaço de pão, sabe que há crianças passando fome? Não sei como lidar com isso. É a condição humana. É um problema que está em minha consciência desde que eu era criança. Quando lia contos de fadas, sempre pensava: como eu poderia ajudar esse pobre alfaiate? Como ajudar a garota maltratada pela madrasta? Como o mundo pode ser um lugar melhor? Desde o tempo das cavernas, quando decidimos que viveríamos juntos como seres humanos, não conseguimos inventar uma sociedade em que pudéssemos levar vidas felizes e justas. Em *A república*, Platão faz com que Sócrates passe por todos os diferentes tipos de sociedade da época, mas Sócrates não consegue encontrar uma única que seja a ideal.

E Platão certamente rejeita a democracia. Ele diz: "Se você vai comprar um cavalo, precisa perguntar a opinião de alguém que entenda de cavalos, e não a opinião de vinte pessoas que não entendam do assunto". Em uma democracia, temos uma população enorme que vota em assuntos sobre os quais não sabe nada. Como cidadão canadense, já dei minha opinião sobre problemas econômicos dos quais não entendo nada. De acordo com algumas teorias, um tirano esclarecido seria a melhor solução, mas eu não quero tirano nenhum, esclarecido ou não. Já inventamos tantas coisas, concebemos tantos jeitos novos de viver, mas nunca encontramos uma forma que seja justa para pelo menos a maioria da população.

SG —— Claude Lévi-Strauss diz em *Tristes trópicos* que desde sempre os seres humanos se dedicam à mesma empreitada: "construir uma sociedade vivível". Por que isso é tão difícil?

AM —— O escritor italiano Alessandro Baricco fez uma adaptação da *Ilíada* como uma série de monólogos de mulheres. Baricco afirma que a violência só é interrompida nesses momentos em que as mulheres falam. Na introdução ao texto, ele diz:

"Temos que reconhecer, por mais difícil que seja, que amamos a guerra, que amamos a violência".

   Como espécie, amamos o sangue, seja no circo romano, seja em um ringue de boxe, seja no entusiasmo de nos tornarmos soldados ou de assistir a filmes de ação. Baricco diz, talvez ingenuamente, que a única solução seria substituir a violência por um amor ainda maior. Mas não define como seria esse amor.

SG —— Talvez Jesus tenha definido esse tipo de amor quando disse "amarás o teu próximo como a ti mesmo".

AM —— Mas Jesus também disse: "Não vim trazer a paz, mas a espada".

SG —— É isso que faz com que o Novo Testamento seja relevante como história. A literatura vive do conflito, e como leitores amamos a violência.

AM —— Algum tempo atrás tentei montar uma lista de romances felizes da boa literatura, romances em que o protagonista não morre no final, nos quais o desfecho não é trágico. É muito difícil encontrar bons romances de contentamento.

SG —— Albert Camus disse: *"les bons sentiments font de la mauvaise littérature"* [bons sentimentos fazem literatura ruim].

AM —— *Exactement* [Exatamente]. Mas nem sempre, tenho alguns títulos que provam que é possível.

SG —— Por exemplo?

AM —— *A vida e as opiniões do cavalheiro Tristram Shandy*, de Laurence Sterne. O romance *Brooklyn*, de Colm Tóibín, é quase deliberadamente escrito de uma forma que, toda vez que algo acontece, pensamos "ah, isso vai acabar mal!", mas sempre termina bem. E o romance *A comédia humana*, de William Saroyan, é muito bom e feliz. Mas não há muitos outros.

SG —— Ah, mas há! Todos os contos de fadas que ouvimos quando crianças.

AM —— Eles acabam bem, mas a criança não acredita no final que lê. Ela acredita no final verdadeiro. Acabei de publicar um livro em inglês chamado *Fabulous Monsters* [Monstros fabulosos]. É um texto sobre os personagens da literatura que amo, e dentre eles está a Bela Adormecida. Em *Fabulous Monsters*, conto a história verdadeira. Sabemos que, depois de todos aqueles anos, a Bela Adormecida acordará e perderá a beleza. Ela será uma mulher mais velha, terá cabelos grisalhos, seus dentes cairão e o príncipe a trairá. Uma criança não consegue colocar isso em palavras, mas não acho que os contos de fadas sejam literatura feliz. Eles são ótima literatura, literatura importante, e falam de medos profundamente enraizados. Eles nos permitem experimentar coisas muito sombrias sem que tenhamos que vivê-las em carne e osso.

SG — Mas só conseguimos aguentar essas histórias porque elas acabam bem. No modelo da jornada do herói, descrito por Joseph Campbell em *O herói de mil faces*, o protagonista passa por uma transformação e volta para a sociedade dotado de poderes para renová-la.

AM — Eu não acho que Joseph Campbell estava muito certo. É claro, o herói tem sua jornada e, no fim, aprende alguma coisa, é transformado e pode trazer essa transformação consigo. Mas, quando olhamos com mais atenção para essas histórias, não é o que acontece. *Gilgámesh* é a história de um mau rei. Ele encontra o homem selvagem Enkídu, ambos ficam amigos e, juntos, vivem todas aquelas aventuras. Gilgámesh perde seu querido amigo e tenta trazê-lo de volta do reino dos mortos. Mas não sabemos se Gilgámesh será um bom rei quando voltar. Nunca houve reis realmente bons, a ideia de Joseph Campbell de um herói que renova a sociedade nunca foi comprovada. Temos a literatura como uma experiência imaginada, mas o que frequentemente está em falta é a disposição da sociedade para aprender com essa experiência. Sempre esquecemos, e a literatura nos ensina a experiência mais uma vez, e depois esquecemos de novo. Toda vez que fechamos um livro, esquecemos. A literatura está aqui para nos lembrar do que sempre esquecemos. Homero diz que "os deuses nos dão desgraças para que tenhamos algo sobre o que escrever".

SG — Isso significaria que a literatura depende do sofrimento.

AM —— É um tropo antigo, essa caricatura do criador associado à melancolia, o escritor pobre e esfomeado que não tem nada além das palavras. Mas isso nem mesmo é verdade: Somerset Maugham era um milionário, J. K. Rowling tem uma vida confortável e assim por diante. "Não precisamos investir na arte, ela será criada de uma forma ou de outra." O que em certo sentido é verdade, mas isso não significa que poetas não precisem comer.

SG —— Por que temos vontade de ler livros sobre sofrimento?

AM —— O sofrimento é mais misterioso do que a felicidade. A felicidade anda em linha reta, é sempre a mesma, e portanto não fazemos perguntas quando ela acontece conosco. Mas, quando as coisas vão mal, temos tantas perguntas. O "Livro de Jó" não trata de quando tudo ia bem, Jó estava com os filhos e era um homem rico. A pergunta é: por que estou sofrendo agora? O que fiz para merecer este sofrimento? Esse é o tema principal de grande parte da literatura.

Consideramos que uma vida feliz é uma vida normal, ainda que seja exatamente o contrário. A felicidade é exceção.

SG —— Mas, então, uma literatura que fale da infelicidade poderá nos deixar felizes.

AM —— É a noção aristotélica de catarse. Ou uma experiência da tristeza que nos deixa felizes porque sabemos que não é nossa tristeza. É um tipo de *Schadenfreude*.[1]

SG —— Não deve ser só *Schadenfreude*.

AM —— Qualquer tipo de literatura que nos toca não é apenas uma única coisa. Há tantos aspectos de um romance que podem nos emocionar, alegrar ou entristecer de diferentes modos. É frequente que eu encontre em palavras algo que já havia pensado. Tive uma infância de muitas viagens, não me sinto em casa em lugar

---

1. Palavra alemã sem correspondência imediata em língua portuguesa, "*Schadenfreude*" (composta por "*Schaden*", dano, prejuízo, e "*Freude*", prazer) designa o sentimento de satisfação que podemos sentir diante do infortúnio alheio. [N. T.]

algum. Quando Toupeira volta para sua pequena casa subterrânea em *O vento nos salgueiros*, de Kenneth Grahame, lemos a descrição de como ela era; aquilo me deu um sentimento tão forte de saudades de casa. Pensei: é isso que eu quero. Se você entrar em uma biblioteca, posso prometer uma coisa: em uma das prateleiras haverá um livro que terá uma página, talvez apenas um parágrafo, que foi escrito exclusivamente para você. Talvez isso só aconteça no futuro, mas a literatura é muito paciente.

SENHOR LEITURA

SG —— Quando pedi seus livros em uma livraria, o livreiro disse: "Ah, Alberto Manguel, o homem que só escreve livros sobre livros".

AM —— George Steiner me chamou de "o Don Juan das bibliotecas". Quando escrevi *Uma história da leitura*, meu editor me alertou: "Cuidado para não virar o 'Monsieur Lecture!'". Sei que corro o risco de ser rotulado como Senhor Leitura ou Senhor Borges, já que as pessoas me associam a esses dois temas.

SG —— Quem é você? Essa é a questão mais simples de todas e, ao mesmo tempo, a mais difícil de responder.

AM —— Há uma cena central no começo de *Alice no País das Maravilhas*, depois que Alice entra na toca do coelho, em que ela se vê em conflito porque não consegue se lembrar de coisas que são óbvias, como fazer contas de multiplicação ou recitar um poema que sabe de cor. Ela se pergunta: "Será que ainda sou quem sou, ou será que virei Mabel?". Mabel é uma amiga que vivia em uma casinha bem pequena e não era muito inteligente, e Alice diz: "É claro que não posso ser Mabel. Então quem sou eu?". Ela chega a uma conclusão maravilhosa: decide esperar lá embaixo, até que alguém venha chamar por ela. "Primeiro me digam; aí, se eu gostar de ser essa pessoa, eu subo; se não, fico aqui embaixo até ser alguma outra pessoa."

A cada dia que passa, os Estados Unidos, onde vivo agora, descobrem um pouco mais até que ponto o país foi fundado sobre o racismo: a ideia de definir alguém pela cor da pele. Aqui, eu poderia dizer "estou falando com uma jornalista negra", mas nunca diria "estou falando com uma jornalista branca". Porque ser branco é a norma, é considerado o topo da hierarquia. No Canadá, por outro lado, se você fosse senegalesa, eu jamais pensaria em dizer "estou falando com uma jornalista negra", eu diria "estou falando com uma jornalista senegalesa". Mas um estadunidense diria "estou falando com uma jornalista negra", ou "estou falando com uma jornalista latina", ou "estou falando com uma jornalista chinesa". Pode ser que enfeite o rótulo e diga "afro-estadunidense", "mexicano-estadunidense" ou "sino-estadunidense", mas o que quer dizer é: "Você é diferente de nós". *Nós* entendido como os Estados Unidos, mas também a primeira pessoa do plural. A definição de identidade vem da sociedade; desde que nascemos, somos marcados com ela. Nos Estados Unidos, você crescerá com a identidade de ser branco, negro ou chinês.

Essa é a identidade que nos é imposta pela sociedade. Para responder sua questão, "quem sou eu?", em outro sentido, mais profundo, na primeira pessoa do singular: esse é um processo ainda em curso. Desde minha primeira consciência, na infância, tive de algum modo a noção de que estou em processo de me definir e, assim, de adquirir minha identidade. Para a questão "quem sou eu?", eu responderia: "Estou aprendendo quem sou".

SG —— Há um livro de Francis Spufford chamado *A Child that Books Built* [Uma criança construída por livros] – esse também poderia ser o título de sua autobiografia.

AM —— Os leitores sempre têm essas infâncias interessantes em meio a livros. Quando publiquei *Uma história da leitura*, recebi muitas cartas de pessoas do mundo todo, porque o livro foi traduzido para 35 línguas. Eu recebia cartas da Somália ou da Suécia, que diziam "minha infância foi igual. Tive a mesma experiência". Os leitores formam uma comunidade universal, ainda que cada um deles pense estar sozinho. Eles pensam: "Isto é tão unicamente meu, jamais aconteceu a outra pessoa". E então, de repente, descobrimos: aconteceu, sim.

Como eu disse, *Uma história da leitura* foi publicado em 1996, foi o primeiro livro que abordou a arte da leitura de um ponto de vista pessoal. Desde então, isso passou a ser um gênero, como as memórias, com títulos como "O que minha avó lia na cama" e "Como minha vida melhorou depois de ler Jane Austen". Independentemente do valor desses livros, ao menos eles nos mostram que há uma comunidade de leitores. Gosto de pensar que somos como aqueles 36 homens justos da tradição judaica graças aos quais Deus não destrói o mundo.

SG — Como a experiência de crescer com livros moldou sua forma de ler como adulto?

AM — Ela ainda está aqui. É o que sou. Se tivesse que responder à sua pergunta, "quem sou eu?", em uma palavra, eu diria: "Sou um leitor".

SG — Um leitor de que tipo de livros?

AM — Um leitor de tudo. No começo de *Dom Quixote*, Miguel de Cervantes diz ser alguém que lê até os papéis rasgados que encontra na rua. Eu nunca, nunca paro de ler, seja na cama ou no trem ou quando estou no banheiro ou almoçando. A menos que esteja conversando com alguém, sempre tenho um livro comigo. E, se não tenho, lerei a caixa de cereal. Essa é minha relação com o mundo. Escrevi um livro, *Lendo imagens*, em que sugeri a ideia de que não podemos olhar para uma imagem sem ler algum tipo de história. Inventamos a história que pensamos estar lendo naquela imagem.

IDENTIDADES VARIÁVEIS

SG — Você poderia ter respondido "sou canadense" para minha pergunta "quem é você?". Você tem um passaporte canadense desde 1982.

AM — Sou visto como argentino-canadense no Canadá e como argentino na Argentina. Na maior parte da Europa, atribuem a mim identidades variáveis, e, sempre que querem fazer uma lista de, digamos, intelectuais argentinos ou canadenses que são judeus, sou visto como judeu. Que é uma identidade que aceito apenas como escolha intelectual: sou judeu da mesma forma como, em um sentido intelectual, sou grego ou alemão ou italiano. Eu gostaria de fazer um pouco mais parte da identidade árabe, que me interessa profundamente.

SG —— Qual é sua relação com o mundo árabe ou islâmico?

AM —— Sou fascinado pelo casamento entre filosofia e poesia. Não acho que haja nenhuma outra cultura em que as duas estejam combinadas de modo tão íntimo, em que o pensamento se transforme em ideia através de sua enunciação poética. Eu adoro a exploração de ideias religiosas, a passagem que cruza o pensamento grego e dá no islã. Como não acredito em religiões, não me interesso pelos aspectos dogmáticos do islã mais do que pelos dogmas do cristianismo ou do judaísmo.

SG —— E as identidades atribuídas a você de fora, pela sociedade, o que significam para você?

AM —— Ser judeu, canadense, alemão e tudo mais – essas são identidades que aceito, elas fazem sentido para mim. Mas eu não aceitaria uma identidade *gay*, ainda que eu seja *gay*, porque não acredito que nossas atividades ou inclinações sexuais definam quem somos. E, se definirem, o círculo será estreito demais, não abarcará todas as nuances da sexualidade. Mesmo que peguemos, em um dos extremos, uma pessoa puramente heterossexual, o que não existe, ou uma pessoa puramente homossexual, o que também não existe, haverá tons intermediários demais. Eles variam da mesma forma que podemos dizer: você é vegetariano, mas não gosta de pepino, você não gosta de rabanete, você prefere cenoura, e um outro vegetariano só come batata. Quando Craig e eu organizamos uma antologia da literatura *gay*, deixamos claro que o adjetivo "*gay*" se referia ao assunto, e não ao escritor. A antologia se chama *Meanwhile in Another Part of the Forest* [Enquanto isso, em outra parte da floresta], e o subtítulo, escolhido de forma deliberada, é "histórias *gay*, de Mishima a Alice Munro".

SG —— Edward Albee costumava dizer: "não sou um escritor *gay*, mas um escritor que por acaso é *gay*".

AM —— Que importância isso tem? Bernard Shaw era vegetariano. Você diria "Bernard Shaw era um escritor vegetariano"? Borges zombou disso quando afirmou que o uso desses epítetos equivalia a aceitar a noção de "passeio ciclístico presbiteriano".

SG —— Hoje há uma discussão acalorada sobre essas definições. Como mulher branca, seria possível que eu escrevesse sobre personagens negros? Todo o debate sobre "apropriações culturais" é o oposto do que você diz.

AM —— É o oposto do pensamento racional. Essas ressalvas surgiram de uma reação contra o racismo, a misoginia, a islamofobia, a homofobia e assim por diante, mas não se desenvolveram em uma consciência saudável a respeito dessas injustiças. No lugar disso, elas se transformaram em métodos e regras extraídos da mesma região em que esses preconceitos nasceram. Você responde ao preconceito com um preconceito. Nos Estados Unidos, as pessoas confrontam o racismo com uma insistência no conceito de raça. Eu acredito que o preconceito é, acima de tudo, uma questão de linguagem: se, em vez de descrevermos uma coisa em toda a sua ambiguidade, nós a rotularmos, permitiremos que o preconceito nasça. Fiquei ultrajado na primeira vez que entrei em um hospital nos Estados Unidos: eles nos fazem preencher um formulário e perguntam qual a nossa raça! Eu sempre marco "outra" e escrevo: "humano". É ultrajante que uma sociedade que tente combater o racismo insista no conceito de raça.

SG —— Não há como falar sobre racismo sem o conceito de raça.

AM —— O conceito de raça permite que haja racismo. Se você é definido como não sendo eu, eu posso dizer: como me considero bom, você será mau. O ato de identificar o outro ou a outra pela cor da pele permitiu que houvesse a injustiça da escravidão. É um rótulo arbitrário.

O Canadá é uma sociedade muito diversa. Quando minha filha Rachel tinha 6 anos, ela foi para a escola, em Toronto, e, ao voltar para casa, contou tudo sobre Sarah, sua nova amiga. Era

Sarah isso, Sarah aquilo, ficamos sabendo qual sorvete ela tomou, que ela tinha um cachorrinho – soubemos tudo a respeito de Sarah. Então, finalmente, Sarah veio a nossa casa brincar com Rachel, e, no fim das contas: Sarah era negra, seus pais eram senegaleses. Mas Rachel não pensou em defini-la dessa forma, já que na sala de aula havia crianças de todos os contextos étnicos, e, então, teria sido absurdo para ela escolher uma cor específica. Ela não falou a respeito porque não era importante.

SG —— O que você pensa do discurso ao redor do *Black Lives Matter*?

AM —— Há o argumento de que, como pessoas brancas privilegiadas, não sabemos como é ter um filho negro adolescente e ser obrigado a ter o que eles chamam de "a conversa", o que significa dizer para ele "quando vir um policial, tenha cuidado".

Se, por outro lado, dissermos "todas as vidas importam", causaremos indignação. Os defensores dos direitos civis dizem que se trata de "vidas negras" porque só as pessoas negras são alvos, e isso é completamente verdade. Mas o que é ultrajante não é o fato de matar uma pessoa negra, é o fato de matar um ser humano. Para mim, isso é muito essencial, mas não posso discutir o assunto nos Estados Unidos. Nem mesmo meus amigos intelectuais discutem o tema com argumentos racionais, mas só com emoções.

SG —— O discurso sobre raça, gênero etc. se tornou iliberal?

AM —— Quando, como homem branco, não permitem que eu fale sobre assuntos negros, tenho que construir um preconceito contra mim mesmo e dizer: sou inferior neste terreno. Sou branco, sou privilegiado, não tive essa experiência. Falar do interior dessas barreiras de censura convencionada é o oposto da liberdade intelectual. Desde que adquirimos consciência como seres humanos, desenvolvemos o poder da imaginação. É o que nos permite ter uma experiência sem de fato vivê-la em termos práticos. Não precisamos colocar a mão no fogo para dizer: "ela queimará". Podemos imaginar isso. E, da mesma forma, posso imaginar como é falar inglês sendo uma mulher suíço-alemã. Se não aceitarmos esse fato como axiomático, não acreditaremos na literatura, não acreditaremos na arte, não acreditaremos no processo criativo.

Caso levássemos essa ideia às consequências extremas, eu não poderia escrever sobre Alberto Manguel nesta manhã, às 7 em ponto, porque não sou Alberto Manguel nesta manhã, às 7 em ponto. Sou Alberto Manguel falando às 9h17 com Sieglinde, e eu teria que me limitar a essa experiência, já que qualquer outra que tive, mesmo de mim mesmo, foi construída em minha memória pela imaginação. A não ser em minha imaginação, não tenho provas de que aquilo que pensei ser às 7 em ponto desta manhã seja verdade.

VIDA E LINGUAGENS

SG —— Você é fluente em muitas línguas. De qual se sente mais próximo?

AM —— Essa é uma boa pergunta. O alemão foi minha primeira língua, mas parei de falá-lo quando tinha 8 anos e voltamos para a Argentina. *Mein Wortschatz ist ganz klein* [meu vocabulário é bastante pequeno], é o de uma criança. Retomei a língua quando descobri Handke, nos anos 1960, e fiquei fascinado com Kafka, com Thomas Mann. Minha pronúncia é boa, mas cometo muitos erros. Leio alemão, mas tenho que procurar o significado de palavras, e não escreveria em alemão.

A primeira língua que aparece espontaneamente quando tenho o impulso de pensar em algo é o inglês. Contudo, quando estou em um país de língua espanhola ou francesa, a língua natural muda depois de alguns dias. Escrevo em inglês, escrevo em espanhol, em francês, em italiano. A maioria dos meus livros foi escrita em inglês, escrevi dois livros em espanhol e ensaios em francês e italiano.

SG —— Você se sente diferente em línguas diferentes?

AM —— Sim. Não só o tom da minha voz é diferente, mas é como se fosse outra pessoa que estivesse falando. Não é que eu me contradiga, mas digo a mesma coisa de formas tão diferentes que outros conceitos ficam implícitos no que digo.

SG —— Como a vida em línguas diferentes influenciou seu relacionamento com elas?

AM —— Minha relação com uma certa língua tem a ver com minha relação com as pessoas com quem falo nessa língua e com o contexto histórico de minha vida. O espanhol está muito associado ao meu ensino médio, e então ouço a voz de meus professores quando falo espanhol. Ouço a voz de Borges, o que é uma coisa terrível, porque infecta tudo que escrevo. É como aquelas musiquinhas grudentas de comerciais, fica na sua cabeça. O inglês está muito ligado a Ellin, aos livros de minha infância e, depois, às leituras posteriores que encontrei por conta própria. E, como as encontrei sozinho, há muitos casos em que pronuncio errado uma palavra em inglês que nunca escutei.

SG —— Você tem uma "língua materna"? É um termo estranho de usar, já que você não teve uma língua comum com sua mãe até os 8 anos de idade.

AM —— Acho que há uma diferença entre *Muttersprache* [língua pátria] e *Mutterzunge* [língua materna]. Eu tive uma *Mutterzunge*: uma combinação de línguas que veio dessa figura de mãe ou de pai ou o que quer que seja que Ellin fosse para mim. Ellin falava comigo em inglês e alemão, mas, ao mesmo tempo, fez com que eu percebesse que havia muitas outras línguas no mundo, e, desse modo, fiquei interessado nelas.

Muttersprache, para mim, é o vocabulário, as palavras que vêm quando aprendemos uma língua no colo de nossas mães. Não foi meu caso. A maioria das pessoas não tem consciência de que fala a própria língua. Craig cresceu falando inglês; para ele, *falar* e *falar inglês* são a mesma coisa.

Sempre tive muita consciência de estar usando palavras, mesmo quando criança. Eu adorava palavras mais longas cujos significados não entendia. Adorava a história de Rumpelstiltskin, e lembro de ficar repetindo "Rumpelstiltskin, Rumpelstiltskin, Rumpelstiltskin" só porque adorava o som.

E então comecei a pensar: ah, é como uma grande pedra rolando, e o anão se vê a si mesmo como essa pedra que rola e faz o som de rumpelrumpelrumpel.

Eu adorava palavras difíceis, palavras que não conhecia, palavras cujo significado Ellin dizia que eu deveria procurar. Ao mesmo tempo, eu tinha consciência de que palavras diferentes eram usadas com pessoas diferentes. Sabia que podia usar minhas duas ou três palavras em espanhol com meus pais, que com meus irmãos falava inglês, com Ellin falava inglês e alemão e com o cozinheiro da embaixada falava alemão, porque ele era de Berlim.

Desde a mais tenra infância eu pensava que as palavras que usava em contextos diferentes, com pessoas diferentes, eram produto imediato de meu pensamento. Eu acordava de manhã e sentia o cheiro de leite quente, e isso vinha imediatamente a mim como "*warme Milch*". Não havia intervalos entre a sensação e a tradução verbal. Eu achava impossível pensar sem palavras.

SG —— Você sofreu um derrame em 2013. Você escreve sobre isso em *Uma história natural da curiosidade.*

AM —— O derrame aconteceu um pouco antes do Natal. Eu estava em meu escritório, em Mondion, onde morávamos. Eu estava trabalhando em algo e só precisava escrever uma observação, mas não consegui. Pensei que aquilo era impossível, mas não consegui. Concluí que estava cansado, e então tudo o que fiz foi ir para a cozinha para preparar o jantar. Eu queria descascar algumas batatas, mas não consegui. Fui até Craig, que estava em outro quarto, e tentei explicar que algo estava errado, mas não consegui. Ele entendeu muito rápido que havia algum problema e chamou a ambulância. Quinze minutos depois, eu estava no hospital, e lá perceberam que eu tinha sofrido um derrame. Eu não tive complicações motoras, mas não conseguia formular meus pensamentos em palavras. A enfermeira me acordava a cada 15 minutos para ver se eu estava bem e perguntava "está sentindo alguma dor?", e eu não conseguia dizer "não, não estou com dor".

Foi uma experiência fascinante. Não foi assustadora, foi extraordinária. Senti que era um grande privilégio poder assistir a mim mesmo pensar. Eu conseguia ver o que estava acontecendo no meu cérebro. Percebi que ele tentava formar "dor, sim", e colocar "não" por cima disso. Mas essa ponte havia desmoronado, e então meus neurônios estavam construindo outras. Com o tempo, eu conseguia dizer "estou com dor, não". Isso durou algumas semanas.

Nesse meio-tempo, li que, quando temos um derrame, perdemos certas capacidades de ler ou de falar. Há casos muito curiosos: algumas pessoas perdem a habilidade de ler palavras inventadas ou a habilidade de falar uma língua aprendida aos 5 anos de idade. Eu passava as noites recitando para mim mesmo em todas as línguas que sabia para ver se não as havia perdido. Foi maravilhoso, porque lembrei de coisas muito antigas que havia aprendido com Ellin, alemão, inglês, e, depois, espanhol e francês na escola, e mais tarde italiano. E latim! Lembrei de minhas aulas de latim, do começo de *As metamorfoses*, de Ovídio. Eu não tinha perdido minhas línguas, mas não conseguia falá-las.

Assim, havia duas experiências. Uma era o fato de que eu podia pensar sem palavras. Se eu encontrava a imagem de algo, as palavras para descrevê-la eram como peixes em um aquário. Eu mergulhava a mão para pegar uma delas, mas todas escapavam. Elas estavam lá, mas eu não era rápido o suficiente para agarrá-las. Com o tempo, esse problema se resolveu sozinho. Mas duas coisas ficaram comigo depois do derrame. Uma é um fenômeno motor: agora, quando estou cansado, gaguejo. E a outra: recorro muito mais a eufemismos.

SG —— O que isso quer dizer?

AM —— Por exemplo, hoje, caso eu quisesse dizer algo a respeito de conversas remotas com alguém via internet, pensaria imediatamente que é como falar com fantasmas. E isso se relacionaria com Dante. Observações muito simples agora vêm carregadas de metáforas e de imagens e de citações. George Steiner disse que pensava em citações. Quando estava em Heidelberg, nos anos 1960, ele estava citando algo quando um dos alunos o interrompeu, "*hier wird nicht zitiert!*" [não fazemos citações aqui]. Steiner disse "não há como pensar sem citações". Sempre fui dessa opinião, mas, desde meu derrame, isso está muito mais forte.

SG —— Como você reaprendeu a falar?

AM —— As coisas foram voltando sozinhas. Eu continuei a escrever e a ler, e lentamente as palavras voltaram a fluir. Um dos aspectos mais extraordinários dessa experiência foi perceber a capacidade que o corpo tem de se curar. No "Inferno" de Dante, quando eles estão no oitavo círculo, há uma cena de comédia-pastelão com os demônios. Eles enganam Virgílio e Dante e dizem que, para chegar ao próximo nível, ambos deveriam cruzar uma certa ponte. A ponte está quebrada, porque, quando Cristo desceu ao inferno, houve um terremoto que a derrubou, mas Virgílio não se lembrava disso, e então eles precisaram encontrar outro caminho. Acho que essa é uma imagem perfeita para o que estava acontecendo em meu cérebro. A ponte, a via neural, havia caído porque um coágulo interrompera o fluxo de sangue e, depois, o cérebro vasculhava por toda parte para tentar construir outra ponte, outro caminho.

SG —— Alguma coisa mudou em sua escrita após o derrame?

AM —— Fora uma maior atenção à imagética verbal, não percebi nenhuma diferença, e talvez, então, o trabalho de reparação que aconteceu em meu cérebro tenha sido muito eficaz.

Mas acho tão maravilhoso poder estar fora de si e assistir a si mesmo enquanto pensa! A imagem não funciona muito bem, porque não ficamos realmente fora de nós mesmos. O verdadeiro milagre é que estamos dentro de nós mesmos, assistindo a um processo de que fazemos parte.

SG —— Georg Christoph Lichtenberg diz em uma nota: "*Es denkt, sollte man sagen, so wie man sagt: es blitzt*". "Deveríamos dizer 'está pensando', assim como dizemos 'está chovendo'."

AM —— "Está pensando", com certeza. A não ser pelo fato de que, quando dizemos "está pensando", ainda estamos postulando uma primeira pessoa do singular que possa dizer "está pensando". Acho que é mais complexo do que isso. É um pouco como a ideia da Trindade: três em um, e, nesse caso, dois em um que são diferentes, mas o mesmo.

SG —— O inconsciente não entende a negação. Aprendi isso quando fiz um treinamento autógeno. Quando você diz a si mesmo "não estou tensa", sua consciência entende apenas "estou tensa".

AM —— Toda a força construtiva da linguagem tem como base a afirmação. Mesmo quando empregamos uma negação, temos que começar com uma afirmação para que possamos negá-la. Na primeira cena da peça *Kaspar*, de Handke, o personagem diz a frase: "*Ich möcht ein solcher werden wie einmal ein anderer gewesen ist*" [quero um dia ser um alguém como outrora um outro foi]. Sua voz lhe diz o que ele pode fazer com ela; com essa frase, podemos negar a frase; com essa frase, podemos construir outra frase, e assim por diante.

SG —— Como a linguagem molda os pensamentos?

AM —— A linguagem se encarrega do que podemos dizer. Desde minha adolescência, tive bastante consciência de que, caso escrevesse em inglês, alemão, espanhol ou francês, meus pensamentos não seriam os mesmos. O assunto pode ser o mesmo, mas a abordagem não será igual. Achei extraordinariamente curioso como essa ferramenta que inventamos da linguagem em alguns lugares chama esse animal peludo de quatro patas de cachorro, mas em outros de *Hund*, *perro* e assim por diante. Se Shakespeare escrevesse em espanhol, ele nunca teria escrito "*to be or not to be*". É tão conciso, mas tão rico de sentidos. Em inglês, "*to be*" significa estar fisicamente em algum lugar: em Elsinor, mas também significa existir no tempo, estar vivo. Se escrevesse em espanhol, Shakespeare teria que fazer uma escolha, porque em espanhol há duas palavras para "*to be*": "ser" e "estar". "Ser" significa existir, e "estar", permanecer em algum lugar. Shakespeare jamais diria "*Ser y estar o no ser y no estar*". Não haveria dúvidas do que estaria sendo dito, mas seria absurdamente impoético, e então ele teria que fazer algo diferente.

Outro exemplo está no começo do romance mais famoso da literatura estadunidense. *Moby Dick* começa com "*Call me Ishmael*". Em espanhol, teríamos que fazer uma escolha entre "você (meu amigo) pode me chamar de Ismael" ou "você (alguém que não conheço) pode me chamar de Ismael" ou "vocês (em um grupo) podem me chamar de Ismael". Seria *"llámame Ishmael"*, amigável no singular: suponho que o leitor se tornará um amigo, trata-se de uma confidência, algo que não deve ser compartilhado com os outros. Ou seria *"llamadme Ishmael"*, neutro e no plural, ou *"llámenme Ishmael"*, mais familiar, no plural. Cada um desses casos criaria imediatamente uma audiência e restringiria outras. Em inglês, "*call me Ishmael*" é todas essas coisas.

Deixe-me voltar para o inglês ou para o alemão. Quando aconteceu, a Reforma Protestante também foi uma revolução estilística. Zuínglio, Lutero, os bispos ingleses, todos atacaram o caráter supérfluo, suntuoso de certas formas de escrita. O alemão de Lutero é rústico, algo que para mim parece sem imaginação.

SG —— Eu o considero muito prático, muito vivo.

AM —— Não em comparação com o que havia antes, o *Minnesang*[2] ou, mais tarde, o romantismo. Na obra de Schiller, vemos o que a língua alemã é capaz de ser, e isso sem falar em escritores como Döblin e Kafka.

A Reforma queria expurgar, limpar: ser direta, sem rodeios, sem volteios extravagantes. Isso nos levou direto para Hemingway.

SG —— Qual é o problema com Hemingway?

AM —— Gosto de Hemingway, mas não de tudo o que ele escreveu. Estou me referindo a estratégias literárias. Lutero quer que

---

2. Gênero literário que extrai seu nome dos *Minnesängers*, espécie de trovadores germânicos que interpretavam canções (conhecidas como *Minnelieder*) para a nobreza medieval da região entre os séculos XII e XIV. [N. T.]

leiamos as Escrituras naquilo que elas dizem, e não com base em adornos de pensamento e convoluções que tendem a esconder a ideia central – e isso porque ele entendeu que, ainda que a ambiguidade de vários dos conceitos cristãos estivesse evidente nas Escrituras, ela teria que ser esclarecida. Em vez disso, a Igreja Católica dizia "deixemos que permaneça escondida, e ela brilhará através de todas as análises e pensamentos". O protestantismo pratica uma estética do despojamento: despojar o altar de suas decorações, do embelezamento, "diga apenas o que você quer dizer, diga de forma precisa e o mais breve que puder!". Esse é o modelo estético do protestantismo.

E, é claro, essa forma de narrar vai até Hemingway e Raymond Carver e além: apare a frase até deixar apenas o essencial, deixe adjetivos e advérbios de lado, não se preocupe com repetições, seja o mais claro possível. Paradoxalmente, Hemingway alcança certa ambiguidade literária graças a essa aparência de concisão e clareza.

SG —— A literatura em inglês tem uma reputação de ser mais pé no chão do que outras literaturas.

AM —— Nem sempre, já que essa estética protestante não é comum a todos os escritores de língua inglesa. Partindo de Sir Thomas Browne até chegarmos a John Hawkes, temos um barroco inglês que parece contradizer essa estética protestante, mas que ao mesmo tempo a adota, porque a língua inglesa continua a ser muito mais cuidadosa do que as línguas latinas com o uso de palavras exatas e, também, com adjetivos e advérbios, que são *verboten* [proibidos] tanto em alemão como em inglês. Em italiano, francês, espanhol, romeno, podemos empilhar vinte adjetivos sobre uma única palavra, e ela aguentará. Em inglês ou alemão, a palavra desmorona depois do terceiro adjetivo. A linguagem adquire uma certa direção intelectual que se reflete no estilo e nas regras de estilo. Os ingleses falam de forma crítica das *"purple patches"* [manchas roxas]: trechos que estão cheios de adjetivos e com adornos demais. Esse conceito não existe em espanhol, em italiano ou em francês. Quando traduzi Marguerite Yourcenar, ela insistiu que eu mantivesse todos os adjetivos. Eu dizia para ela "mas veja, em francês podemos preencher o vácuo da frase por uma questão de ritmo. Não podemos fazer isso em inglês, e, caso façamos, será bastante perceptível, e, se fizermos demais, teremos uma *purple prose* [prosa roxa]". Ela insistiu, e ainda não estou satisfeito com algumas passagens, que parecem muito com traduções literais do francês. Mas os escritores se apaixonam por aquilo que escrevem.

APRENDENDO COM JORGE LUIS BORGES

SG —— Como você se tornou "um homem de livros"?

AM —— Porque minha infância foi bastante solitária, tive que inventar uma relação própria com os livros. Mais tarde, quando comecei o ensino médio em Buenos Aires, aos 13 anos de idade, fiquei deslumbrado com meus professores, com seus contextos intelectuais. Meu colégio era incomum, as aulas eram dadas por professores universitários especialistas em suas áreas. Estávamos lendo textos da Idade de Ouro espanhola em uma aula de literatura quando a professora disse: essa é uma imagem que vem deste e daquele poetas latinos e que mais tarde se refletirá em poemas de García Lorca, e assim por diante. Lembro desse momento com exatidão, eu pensei: Como ela sabe isso? Como ela consegue associar todos esses textos diferentes? Eu percebi que todo texto existe em uma teia textual que não tem limites. Descobri o prazer de conectar o texto que estava lendo com o texto a que achava que ele estava se referindo.

SG —— É o que você faz em seus livros sobre livros.

AM —— Mas faço essas conexões sempre do ponto de vista de alguém que é completamente ignorante.

SG —— O que você quer dizer com "ignorante"? Você deve ser uma das pessoas que mais leu no planeta.

AM —— Nunca estudei teoria literária ou li artigos acadêmicos. Não leio Derrida, Lévinas e Bordieu e, quando tentei lê-los, não fiquei muito interessado. Acho alguns textos teóricos interessantes porque são literários. Adoro leitores eruditos, como George Steiner e a menos conhecida Florence Dupont, uma grande classicista francesa com teorias escandalosas sobre a definição de literatura. Mas teóricos que simplesmente inventam um vocabulário para rotular certos conceitos que acreditam terem acabado de inventar me parecem inúteis. Quero ler textos literários, sejam eles teóricos ou ficcionais ou líricos. Eles precisam confiar na linguagem.

SG —— Então você é um autodidata.

AM —— Um autodidata que recebeu muita ajuda dos outros. Há um verso em um dos poemas de Robert Browning em que ele define um personagem como "um apanhador de migalhas de aprendizado". É assim que me vejo. Da alta mesa a que George Steiner e Roberto Calasso se sentam para comer suas refeições, recolho as migalhas que caem no chão. Sou um autodidata alimentado por aquilo que os outros deixam cair.

SG —— Quem foram seus professores?

AM —— Acima de todos, Jorge Luis Borges. Ele me ajudou a entender que não precisamos de teoria, que o aprendizado proporcionado pela literatura não vem da teoria, mas do prazer que sentimos com as palavras e pensamentos e da forma com que os pensamentos são expressos. Não há hierarquia no prazer que sentimos. A generosidade de Borges permitia que ele fizesse associações entre escritores menores, um romancista como o escritor de histórias de detetive John Dickson Carr, e Sófocles. Ele me ensinou que a literatura é uma experiência amorosa que não demanda que sejamos monogâmicos. Pelo contrário, ela nos estimula à poligamia.

    Outra professora foi minha tia Amalia Castro, uma pintora muito boa. Ela me levava em expedições de desenho e me ensinava como olhar para as coisas. O ato de desenhar permite que observemos, já que nos força a reproduzir o que está sendo observado. Um professor importante no ensino médio foi Isaias Lerner, especialista em *Dom Quixote* que se tornou meu amigo vários anos depois, quando foi forçado pela ditadura militar argentina a se exilar em Nova York. Ele era um professor extraordinário, capaz de fazer as conexões que formam aquela teia. E também George Steiner, um pensador tão brilhante. Nunca o encontrei.

Quase todos os dias aprendo algo com alguém. Às vezes em razão de uma pergunta, às vezes por conta de uma observação, e sobretudo uma observação com a qual eu não concorde.

SG —— Você conheceu Borges em sua adolescência, quando trabalhava em uma livraria. Como era seu relacionamento com ele?

AM —— Nunca foi uma amizade. Não era um relacionamento entre um professor e um aluno, não tínhamos sequer uma relação literária. Era algo completamente diferente. A não ser por Adolfo Bioy Casares, Borges não tinha amigos. Em um conto, Borges menciona "uma daquelas amizades inglesas que começam por evitar confidências e terminam por não precisar de diálogo". Isso era verdade para a amizade dele com Bioy, a não ser pelo fato de que ambos ainda conversavam. Eles partilhavam de um mesmo senso de humor.

Fora Bioy, para Borges as pessoas eram interlocutoras para certos assuntos que o interessavam. Se vocês dois se conhecessem e ele decidisse pensar sobre *Der grüne Heinrich* [O verde Henrique], ele diria: "lembro desta frase em *Der grüne Heinrich*, o que você acha dela?". Ele não se interessava por quem você é, pelo que você faz, nem mesmo por qual é seu nome.

Quando ficou cego aos 50 e poucos anos, Borges simplesmente precisava dos olhos de outras pessoas para olhar para o texto que queria ver. Ele me escolheu como leitor em voz alta ao mesmo tempo em que escolheu dezenas de outras pessoas: o porteiro, um taxista, um garçom, um estudante. Ele tinha uma memória extraordinária. Não era uma leitura para descobrir o texto, ele nunca dizia "ah, nunca li Kafka, leia Kafka para mim". Ele conhecia Kafka de cor, mas queria refrescar a memória.

Quando o conheci, ele precisava de um par de olhos capazes de ler em inglês e alemão; ele queria ler certas histórias que pensava serem obras-primas. Quando ficou cego, Borges continuou a escrever poesia, porque, para ele, os versos vinham como música, como uma melodia a que ele acrescentava palavras. Porém, para escrever prosa, ele precisava ver a própria escrita. Assim, ele decidiu parar de escrever prosa.

Mas não podemos escolher quais ideias vêm até nós, e, quando o conheci, em meados dos anos 1960, tantas ideias para contos haviam chegado até ele nesses dez anos de cegueira que, sem contar a ninguém, decidiu que voltaria a escrever contos.

SG —— Como ele os escrevia?

AM —— Ele os elaborava na cabeça e ditava linha por linha. Mas Borges era um profissional, e então, antes de começar, queria ver como as histórias que considerava obras-primas eram construídas: qual é o mecanismo dessas histórias? Ele me pedia leituras muito específicas. Quando eu chegava, ele não dizia "você está bem? Está chovendo? Já comeu?". Ele dizia: "leremos Kipling esta noite". Nós nos sentávamos, ele me passava o livro e dizia "leia este conto". Ele não queria que minha interpretação aparecesse na leitura. Ele conhecia a história de cor, e interrompia a cada duas linhas para fazer comentários. Eram comentários para ele mesmo, como escritor, mas que eram feitos em voz alta, comentários técnicos. Ele dizia "ah, que interessante, Kipling usou esta palavra aqui, ela reaparecerá duas páginas adiante, em outro contexto, e o leitor se lembrará disso". Ou "agora ele está usando o passado. Ah, ele mudará para o presente por esta ou aquela razão". Aprendi tanto! Tive o privilégio de assistir a Borges refletir sobre o que estávamos lendo. Eu estava dentro do cérebro de Borges enquanto ele falava. Borges tinha um tique comum à geração dele. Terminava todas as observações com uma pergunta, "você não acha?", "não é verdade?". No começo, eu respondia, mas percebi que ele não queria resposta nenhuma, era apenas retórico. Então eu só ficava sentado e ouvia. Eu lia para ele, ele interrompia e depois eu continuava a ler.

Na época, não percebi tudo isso. Minha tia, a pintora, ficava assombrada com o fato de que eu tinha o privilégio de ler para Borges. Ela tentou me explicar como eu era privilegiado em estar naquela presença. Ela disse "você precisa manter um diário, você precisa tomar notas!". Mas eu tinha 15 ou 16 anos, e, com a arrogância do adolescente, disse "estou fazendo um favor a esse velhinho, sou uma pessoa muito boa!".

Meu relacionamento com Borges era apenas aquele de um instrumento que ele ligava para ler e, mais tarde, desligava. Ele me levava para jantar depois, no hotel que ficava em frente à casa dele, e às vezes íamos à casa de Bioy Casares e Silvina Ocampo, eu me sentava à mesa e os ouvia conversar; discussões maravilhosas, e eu não dizia nada. Só mais tarde percebi quão importante aquilo foi.

Minha adolescência foi privilegiada da mesma forma que minha infância foi privilegiada, quando tinha Ellin como companhia em tempo integral. Eu tinha meus professores no colégio, que eram professores universitários, e tinha Borges e a comitiva dele.

VIVENDO COM DANTE

SG —— Há livros que são mais importantes para você do que outros. Por exemplo, você cita *Alice no País das Maravilhas* em quase todos os seus livros.

AM —— Há livros diferentes para épocas diferentes da minha vida: *Dom Quixote*, *A montanha mágica*, *Alice no País das Maravilhas*, e nestes últimos dez anos tem sido Dante.

SG —— Como você descobriu Dante?

AM —— Cerca de dez anos atrás, passei por uma cirurgia oncológica grave. Eu morava na França, em minha casa em Mondion, e, quando deixei o hospital depois de algumas semanas, tive que ficar em repouso absoluto. A enfermeira vinha todos os dias, eu não conseguia me mexer. Foi uma daquelas situações parecidas com a pandemia, de estar forçado a ficar em casa, e eu queria ler algo que exigisse que eu ficasse em um lugar com a possibilidade de refletir profunda e atentamente sobre o texto que estava lendo. Então pensei: lerei um clássico, essa é a escolha para mim, Homero, Shakespeare, Cervantes e Dante. Eu já havia lido *Dom Quixote* no hospital. É uma leitura de hospital maravilhosa, sempre encontramos alguma coisa, é muito agradável. Adoro ler Shakespeare, mas acho que a leitura de Shakespeare é algo muito empobrecido em comparação com assistir a Shakespeare; nada se iguala a uma grande interpretação de uma peça de Shakespeare. E, quanto a Homero, eu havia escrito um livro sobre ele e, por isso, já tinha lido a *Ilíada* e a *Odisseia* com muita atenção. Pensei, ora, Dante. Comecei a *Commedia*, que se tornaria o livro mais importante da minha vida. Ele estava esperando até que eu fizesse 60 anos. Penso que, depois da operação, eu estava maduro o suficiente para entender a jornada da vida que Dante exibe diante de nós.

SG —— Por que Dante ressoou com você exatamente nesse momento?

AM —— Sempre acreditei que o encontro entre um leitor e um livro acontece por razões indefiníveis. Elas têm a ver com a natureza do livro, a natureza do leitor, a natureza do tempo, as circunstâncias. É como se apaixonar. Não sabemos quando acontecerá, com quem será. E aí acontece. Não sei explicar por que me vi, naquele momento, merecedor de Dante.

SG —— Você já havia tentado ler Dante antes?

AM —— Da primeira vez que deparei com Dante, eu tinha 9 ou 10 anos. Quando estávamos em Israel, meu pai chegou um dia com vinte volumes de uma enciclopédia infantil em espanhol chamada *El Tesoro de la Juventud* [*Tesouro da juventude*], numa bela encadernação azul com letras vermelhas. Meus irmãos e eu achamos aquilo engraçado, ainda que nenhum de nós entendesse uma única palavra, já que não falávamos espanhol. Sempre tive uma relação fetichista com livros, eu adorava aqueles volumes. Quando voltamos para Buenos Aires e aprendi espanhol, comecei a folheá-los só para ler algumas passagens aleatórias. Havia contos, artigos, poemas. Uma das seções continha resumos de grandes obras da literatura, e uma delas era a *Commedia*, com as ilustrações de Gustave Doré. Mas eu tinha 9 ou 10 anos, e não era uma leitura para mim.

Tentei Dante mais uma vez na adolescência, com uma tradução bastante desajeitada em espanhol. Nos meus vinte e poucos anos, encontrei os três volumes da tradução de Henry Francis Cary para o inglês que Borges possuía, e então tentei lê-los com o original em italiano *en face*. Mas não fui muito longe. Mais tarde, encontrei a tradução de Dorothy L. Sayers, que achei muito interessante, mas ainda assim não consegui entrar no texto. Só foi acontecer naquele momento, mais de dez anos atrás, quando fiz 60.

SG —— Como você abordou a *Commedia*?

AM —— Li o original em italiano em paralelo com a tradução para o inglês e, de repente, fui capturado em todos os níveis. Eu não queria parar, tive que me limitar a um canto por dia. Comecei a escrever notas para todos os cantos e, por isso, agora tenho cem cadernos sobre a *Commedia*.

A riqueza da obra! O texto continua a crescer muito tempo depois que o autor o abandonou. Nunca me canso da *Commedia*. Há algo novo sempre que volto a um canto, como se tivesse acabado de brotar durante a noite.

É um milagre tão grande que esse homem do século XIII escreva um poema perfeito enquanto está no exílio, sem seus livros, sem suas anotações. Ele vai de lugar em lugar enquanto compõe a obra, e tudo está certo, com detalhes maravilhosos que me deixam profundamente comovido cada vez que os leio.

SG —— Você tem algum exemplo desses detalhes?

AM —— Por exemplo, a cena no primeiro círculo do inferno: Virgílio está descrevendo para Dante o nobre castelo em que estão todos os grandes escritores da Antiguidade. Eles não eram cristãos, e por isso não podem ir para o céu. O castelo é encantador, mas eles estão privados do conhecimento de Deus. Virgílio descreve tudo isso para Dante, e, então, o texto diz sobre Virgílio: "Ele baixou a cabeça, já que é um deles". Dante não precisa dizer mais nada.

Ou quando Dante encontra seu amigo Casella na praia do purgatório. Um navio de almas chega, e elas descem à praia. Casella era um cantor florentino, e Dante, seu amigo em Florença. Dante o reconhece e quer abraçá-lo, mas Casella é uma alma, e, por isso, Dante coloca os braços ao redor de nada. É tão comovente! Poderíamos esperar esse tipo de coisa em um romance moderno, mas não havia nada parecido no século XIII. Eu poderia continuar a falar dessas coisas para sempre.

SG —— Você tem alguma ideia de por que Dante não ressoou em você antes?

AM —— Não sei dizer com certeza. Nunca pensei em mim mesmo como uma pessoa jovem. Eu tinha a ideia de que alcançaria minha identidade por volta dos 50 anos de idade. Sempre que me olhava no espelho, quase me via com uma barba, ou, em todo caso, muito mais velho do que era. Agora, depois de algumas mortes e perdas, de repente percebi que todas essas coisas estão na *Commedia*. Foi como subitamente ver um retrato composto de você mesmo, com todos os detalhes.

SG —— O que você acha que inspirou Dante a escrever a *Commedia*?

AM —— Há várias teorias. Como sabemos – Boccaccio foi o primeiro a contar essa história –, Dante se apaixonou por Beatrice quando ambos tinham 9 anos de idade. Ele a reviu talvez uma ou duas vezes, e, depois, ela se casou com alguma outra pessoa e morreu. Eles nunca puderam ficar juntos, e, de acordo com uma teoria, Dante escreveu a *Commedia* a partir desse amor: para poder ficar com ela.

Ela aparece no final do "Purgatorio" e o guia até o céu. Mas, paradoxalmente – e também porque se trata de um poema tão bom –, o texto não termina com Dante e Beatrice. De início, Beatrice o trata de uma maneira terrível. Ela fala com um tom tão gélido que nossos corações se partem quando lemos, e os anjos que a rodeiam dizem "não seja tão horrível com esse homem". E, no fim, ela simplesmente desaparece. Enquanto é deixado com São Bernardo, Dante se volta para trás e diz "mas ela, ela – onde ela está?". Essa é uma teoria, a de que ele escreveu a *Commedia* para estar com Beatrice.

A outra teoria é a de que ele queria escrever sobre a ideia de exílio, já que ele mesmo estava exilado de Florença. Em uma carta, Dante diz que o âmago da *Commedia* está no êxodo: êxodo do Egito, a narrativa bíblica. Porque o êxodo é um símbolo para a alma: deixar a vida e chegar à Terra Prometida, que é o paraíso, que é a presença de Deus. Podemos ler a *Commedia* como uma peregrinação.

Qual dessas teorias está certa, não sei. Penso que Dante pode ter começado a escrever uma catábase, uma visita ao reino dos mortos. Há modelos para isso em Platão, ao final da *República*, ou o sonho de Cipião, no *De re publica* de Cícero, e há relatos islâmicos de viagens ao Outro Mundo (o Isrà e o Mirach, principalmente) que Dante pode ter conhecido, já que o Corão e seus comentários haviam sido traduzidos para o italiano.

Penso que ele começou a escrever o poema e, então, descobriu que estava escrevendo alguma outra coisa. Dá para perceber isso. Na cena no castelo nobre em que Virgílio introduz Dante aos grandes escritores da Antiguidade, ele ainda não sabe que poderia enriquecer esses personagens e deixar que eles conversem com Dante. Isso acontece pela primeira vez no quinto canto, com Francesca de Rimini, quando ela fala sobre seu amor por Paolo. Acho que, naquela altura, Dante percebe: meu poema pode ser algo diferente, pode ter diálogos entre os personagens. E é isso o que ele é até o *grand finale*, com a visão inefável ao final.

SG —— Você acha que o fascínio pelo horror dos diferentes círculos do inferno também cumpre algum papel? Nas artes visuais, temos mais ilustrações do inferno do que do paraíso.

AM —— Acho que essa seria uma visão errada sobre Dante. É claro que as torturas do inferno e, depois, do purgatório, são horríveis, mas elas são vistas como produzidas pelos próprios pecadores. Como Virgílio explica a Dante, nada acontece no universo que não seja pelo amor de Deus, e Deus é todo amor. Deus concede o livre-arbítrio a cada indivíduo, que escolherá como viver de acordo com os dons que Deus lhe deu. Se você escolher ser um ladrão e pegar coisas que não lhe pertençam, sua punição no inferno será perder tudo o que tem, incluindo seu próprio corpo. No inferno, os ladrões são torturados por uma cobra que devora seus corpos, e, depois, a cobra, que se torna o corpo da pessoa, volta a ser comida. As torturas são horríveis em seu aspecto exterior, mas correspondem ao pecado com exatidão. É o que Dante chama de "contrapasso".

E, é claro, em todo horror há também uma grande beleza, por exemplo, quando Dante encontra seu professor, Brunetto Latini, a quem admira profundamente. Brunetto Latini foi condenado ao círculo dos sodomitas, aqueles que pecam contra a natureza. Eles são forçados a correr por um deserto de areias escaldantes, e chove fogo sobre eles. Dante caminha sobre um caminho estreito, a areia está logo abaixo, e ele inclina a cabeça para falar com Brunetto Latini. Passa a ser um tipo de homenagem. Brunetto decide parar, ainda que, caso pare, estará condenado a uma tortura cinco vezes mais intensa. Mas ele o faz porque quer falar com Dante. Depois de conversarem, ele parte rapidamente, e Dante diz "ele correu para longe, mas não pareceu um perdedor, e sim um vencedor que carrega a bandeira verde na corrida de Verona". Dante está falando de um pecador e, como isso é parte de teologia, tem que condená-lo. Mas, ao mesmo tempo, é um belo gesto de amor. É uma das cenas de amor feitas para um amigo mais bonitas que conheço.

SG —— O que Dante pensa das pessoas que coloca em seu inferno?

AM —— Ele não gostava de muitas delas. Ele odiava o papa Bonifácio, por exemplo, e dá para perceber. Mas Dante nunca se esquece de que há pelo menos quatro níveis de leitura: literal, alegórica, mítica e moral, e todas elas conferem uma ambiguidade profunda e poética à *Commedia* inteira.

E há outros elementos que constituem as múltiplas camadas de enquadramento do poema. Um enquadramento é teológico. Dante não consegue escapar do dogma católico. Às vezes ele dá a própria opinião e diverge de um teólogo e toma partido de outro, mas seu trabalho se dá no interior de uma estrutura teológica estrita.

E então há o enquadramento literário. Como poeta, Dante faz escolhas porque, na literatura, algumas coisas são melhores do que outras. E, finalmente, há o enquadramento de Dante como pessoa que odeia Bonifácio e ama Casella. Dante é o homem que fica tão comovido com a história da Francesca que desmaia. Francesca foi condenada porque é uma pecadora; de acordo com o dogma, ela caiu no pecado da luxúria. Como poeta, Dante a retrata, com uma bela linguagem, no ato de recontar sua história, e, como pessoa, retrata a si mesmo desmaiando de pena. A *Commedia* é tão rica que não podemos delimitá-la a uma única coisa.

SG —— Você me falou sobre o seu "vício oculto", a criação de bonecos, e me mostrou pela tela suas prateleiras com bonecos baseados na *Commedia*.

AM —— Minha relação principal é com livros e palavras, mas também gosto de trabalhar com as mãos. Gosto de desenhar, de pintar, mas são coisas muito privadas. A primeira vez que revelei meus desenhos foi em *Fabulous Monsters*, meu livro mais recente. Fiz desenhos dos personagens. Agora, o livro será publicado em alemão pela Diogenes Verlag.

Já quanto aos bonecos, eu só pretendia fazer Dante e Virgílio. Então pensei que podia fazer também as três feras que Dante encontra antes de descer ao submundo: a onça, o leão e a loba. Por fim, disse a mim mesmo: farei todos os personagens da *Commedia*. E acabei fazendo 88!

SG —— Como você decidiu a aparência deles?

AM —— Tenho um álbum de recortes com imagens; para São Bernardo, por exemplo, dei o rosto do ator Charles Laughton, e, para Thaïs, o rosto de Theda Bara. Não há como saber o que acontecerá com nossos dedos quando eles estiverem na argila. É um pouco como escrever: você tem uma ideia, mas, aí, uma palavra aparece, e essa palavra chama outra palavra e assim por diante. Eu não tenho um plano bem definido, o material tem vida própria.

SG —— Você diz que lê um canto todas as manhãs. Você leu um hoje?

AM —— Com certeza! Li o penúltimo canto, em que São Bernardo pronuncia o belo hino à Virgem Maria e pede que ela tenha pena de Dante e lhe permita ter a visão final. Há essas belas definições de Maria na voz de São Bernardo, "filha do Filho teu". Há tantas noções encapsuladas nesta frase tão simples.

SG —— É um paradoxo.

AM —— É uma forma poética de expressar um problema teológico muito intricado. Meu interesse na teologia tem a ver com meu interesse na literatura fantástica. Você inventa um conceito, um enredo, um personagem que é logicamente impossível, e, então, constrói uma estrutura lógica ao redor disso. Você desenvolve um sistema de pensamento que começa com um conceito impossível, como a Trindade ou a Imaculada Conceição. E a poesia, devido à sua dependência da ambiguidade intrínseca da língua, é bastante capaz de transformar uma proposição ilógica em algo crível. Ela se torna crível através da música, através do som. Tertuliano diz: "Acredito porque é impossível". É uma frase perfeita, no sentido de que se define a si mesma. Ela define a ideia do impossível crível sem questioná-la. Ela faz com que só concordemos e digamos: "Acredito porque é impossível". Ela pertence àquele domínio da poesia em que um verso é tão bonito que cria seu próprio sentido dentro das palavras da frase. Caso o levemos mais longe do que isso, ele se torna ilógico e impoético. Mas, caso o mantivermos dentro daquele domínio, ele adquire verossimilhança no cérebro. É uma verdade poética, uma lógica poética.

SG —— Então foi isso que você encontrou em sua leitura matinal.

AM —— Há mais uma coisa que descobri esta manhã sobre a *Commedia*: no fim, temos a desaparição de Beatrice e a aparição de São Bernardo. Dante está olhando para Beatrice porque encontra consolo em seus olhos, e ela diz esta bela frase, "não só no olhar meu é o Paraíso", o que significa que Dante deve se concentrar nas coisas importantes. Ele olha para ela, e, de repente, ela já não está mais lá, e em seu lugar está um homem velho. Isso é imaginado de um ponto de vista psicológico puramente humano. Esqueça que está no céu! Você olha para a pessoa que ama, e ela desaparece. Imagine o choque emocional desse momento, bem no final. E São Bernardo falará com ele e se tornará o intermediário entre Dante e a Virgem, mas Dante só consegue dizer "e ela, onde está ela?". Nenhuma palavra mística, nenhuma revelação, apenas as puras declarações de um apaixonado, "onde ela está?". Eu poderia falar por horas só dessa cena.

SG —— Você está lendo como quem rastreia alguma coisa.

AM —— Eu me pergunto: como Dante – no exílio, sem livros, sem saber onde dormiria no dia seguinte – conseguiu manter tudo no lugar? Subindo escadas que não eram as dele e comendo pão salgado: essa era sua definição de exílio, porque em Florença o pão era assado sem sal. Como ele conseguiu escrever a *Commedia* nessas circunstâncias, sabendo que cada verso precisaria de belas palavras, como retratou um sentido psicológico para cada personagem, seguiu o dogma cristão, ecoou mitologias pagãs? Temos todas as ciências da época – psicologia, biologia, botânica, geografia, história – em todas as linhas, e, de acordo com uma teoria, também há muitos elementos islâmicos em Dante.

SG —— Já faz dez anos que você tem lido Dante todas as manhãs.

AM —— Tenho uma rotina matinal que tento seguir. Gosto de acordar muito cedo, mas sem acordar completamente. Eu me desloco com os olhos quase fechados. Vou ao banheiro, preparo um chá e me sento para ler um canto de Dante. É uma forma gentil de acordar minha mente. E, como não estou descobrindo Dante, não preciso me concentrar em um texto difícil. Somos quase amigos, e consigo acompanhar palavras que já sei mais ou menos de cor. E, de repente, alguma coisa que eu não havia percebido até então se ilumina. Sinto meu cérebro começando a trabalhar, e lentamente acordo. Isso leva cerca de uma hora, às vezes uma hora e meia, e então estou pronto para começar o dia. Pessoas que meditam ou fazem orações matinais também têm esse tipo de experiência, ou pessoas que se exercitam. Para mim, é Dante.

O LEITOR COMO ARQUEÓLOGO

SG —— Como você escolhe os livros que lê?

AM —— Esse é outro benefício de não ser um acadêmico: não leio nada por obrigação. Gosto de algumas coisas de Goethe, mas nunca consegui terminar *Os anos de aprendizado de Wilhelm Meister*. Tenho grandes dificuldades com a maioria de suas peças, e acho suas conversas com Eckermann pedantes a ponto de serem insuportáveis. Mas amo o *Fausto* e muitos de seus poemas. Como não sou um estudioso de Goethe, posso escolher o que quiser.

Como escolho quais livros quero? Se for um livro novo, pode ser por acaso, porque gostei do título. Meu ensaio favorito de László Földényi se chama *Dostoiévski lê Hegel na Sibéria e cai em prantos*. Como não ler um livro com esse título? Às vezes escolho pela capa, às vezes porque lembro de ter ouvido o nome do autor, às vezes porque um amigo recomendou. São tantas as formas como escolho um livro.

Mas não continuo a ler caso não seja capturado nas primeiras duas ou três páginas. Às vezes me forço por algum motivo a ler um livro de que não gostei desde o início, mas nunca, nunca encontrei uma obra cujo começo detestasse mas que acabei adorando. Ou é amor à primeira vista, ou não há amor nenhum.

SG —— Você não faz uma distinção entre entretenimento e literatura séria?

AM —— Uma distinção que é feita por quem?

SG —— Depois de ter lido tão intensamente por toda sua vida: você tem algum cânone pessoal que poderia compartilhar com o mundo? Algo como "cem livros para ler antes de morrer"?

AM —— Quando *Uma história da leitura* foi publicado nos Estados Unidos, meu editor pediu que eu providenciasse uma relação de meus cem livros favoritos disponíveis em inglês. Fiz uma lista de textos que não ficaria constrangido de recomendar. Cânones são úteis. Se você também fosse montar uma lista de cem livros, tenho certeza de que pensaria em títulos de que nunca ouvi falar. E então eu diria "ah, qual é esse?". Eu adoro isso.

SG —— Para você, o que é *"une bonne lecture"* [uma boa leitura], para usar as palavras de George Steiner?

AM —— Em *A Reader on Reading* [Leituras sobre leitura], há uma lista de duas páginas sobre o leitor ideal. Foi feita um pouco de brincadeira. Ainda que em geral eu não leia textos teóricos, admiro muito a teoria da recepção de Hans Robert Jauss. Ele desenvolve a ideia do leitor que transforma o texto. Todo texto contém mais do que seu autor sabe, e penso que o leitor verdadeiramente criativo o enriquece com aquilo que já está contido na obra em si. As interpretações freudianas de *Hamlet* são perfeitamente válidas e interessantes, mas, felizmente, Shakespeare não leu Freud. Um bom leitor é capaz de renovar o que lê com o material que o texto contém, mas às vezes o leitor é tentado a acrescentar coisas que não estão lá. Por exemplo, há um historiador que interpretou *Alice no País das Maravilhas* como uma alegoria para a Guerra das Rosas, mas isso não está conectado de modo algum ao mundo intelectual de Lewis Carroll. Ler elementos da guerra civil inglesa no *Paraíso perdido* de Milton, por outro lado, está correto, mesmo que o livro fale sobre a guerra entre Lúcifer e os fantasmas do paraíso. Milton viveu na época da guerra civil. Ele estava preocupado com os conflitos políticos, e muitas das afirmações sobre questões como "a qual autoridade devemos obedecer?" podem ser lidas como opiniões sobre aquela situação política.

O leitor criativo trabalha como um arqueólogo que explora os diferentes níveis de um texto e extrai elementos que talvez o autor não conhecesse, ou pelo menos não conscientemente.

SG —— Você sente prazer com que tipos de livros?

AM —— O prazer da primeira até a última palavra é muito raro. *Fausto I*, *Rei Lear*, *Dom Quixote*, a *Commedia*, *Alice no País das Maravilhas*, os poemas de São João da Cruz – essas são obras com que, em sua inteireza, da primeira à última frase, sinto prazer.

Em outros livros, apenas sinto um momento de prazer, como quando vejo um rosto bonito que entra em uma sala ou um raio de sol que atravessa as nuvens. Felizmente, isso acontece comigo o tempo todo, mas não sei explicar. É como quando nos perguntam por que estamos apaixonados por tal pessoa. Podemos dizer que é porque essa pessoa tem olhos verdes, é inteligente ou dança polca maravilhosamente bem. Mas essas explicações vêm depois, elas não explicam o *coup de foudre* [amor à primeira vista].

SG —— O cientista da literatura suíço Emil Staiger ficou famoso por dizer que o trabalho da ciência da literatura é "*begreifen, was uns ergreift*", compreender aquilo que nos captura.

AM —— *Genau* [Exatamente]. Em todas as culturas há um provérbio que diz mais ou menos o mesmo: "a beleza está nos olhos de quem vê"; Voltaire diz "para o sapo, o ideal de beleza é a sapa".

SG —— É o que chamamos de gosto...

AM —— O gosto é um processo que muda ao longo da vida. Quando crianças, podemos não gostar de caviar e, adultos, considerá-lo sublime (eu não considero). Quando crianças, podemos gostar de uma cantiga de roda e, adultos, pensarmos que ela é simples demais, preferirmos Paul Celan. Os objetos mudam, mas o prazer continua o mesmo.

SG —— Precisamos aprender até a comer bem.

AM —— Esse é um exemplo muito bom. Podemos aprender a comer bem, e comer bem pode ser gafanhotos fritos no México ou *Currywurst* em Berlim. Mas a noção de gosto, *o* gosto, existe desde o momento em que temos consciência, mesmo que suas tonalidades mudem ao longo da vida.

SG —— De acordo com George Steiner, o leitor é um convidado do texto. Você disse que a leitura é uma conversa.

AM —— É uma conversa em que o leitor tem a última palavra. O leitor interpreta o que o texto está dizendo sem que o texto possa responder. Uma das formas mais interessantes de leitura é a leitura em grupo. Podemos ir muito fundo em um texto por conta própria e ter um diálogo com nós mesmos, mas, se conversarmos sobre a leitura com um amigo ou em um grupo, isso permitirá que outras versões do texto venham à tona. E se o grupo é inteligente, o texto é enriquecido.

SG —— Alguns textos não permitem leituras diferentes. Em um texto trivial que deixe tudo muito explícito, todos lerão o mesmo livro.

AM —— Procurei por muito tempo por uma definição de boa e má literatura, e acho que esses rótulos são muito simplistas. O que eu chamaria de "má literatura" é um texto que não concede nenhum ponto de entrada. É como a superfície congelada de um lago. A superfície é muito lisa, ela nos permite deslizar sobre ela, mas, caso a quebremos, cairemos em meio ao gelo e nos afogaremos. A boa literatura, por outro lado, é cheia de buracos, espaços e lugares para descobrir e se esconder.

Eu não diferenciaria entre uma ótima literatura e uma literatura trivial, mas entre textos que permitem questionamentos e textos que dão todas as respostas.

SG —— Em textos que dão todas as respostas, não há espaço para uma leitura criativa.

AM —— Um editor de Toronto me deu um conselho maravilhoso: quando estiver escrevendo, imagine que há uma pessoinha em seu ombro que lhe pergunta "por que você está me contando isso?". Coisas do tipo "comi uma torrada com duas xícaras de café pela manhã" só interessariam à sua mãe, e talvez ela também esteja só fingindo.

SG —— Deixar todas as coisas mastigadas mostra que você não confia no leitor.

AM —— Você não confia no leitor e não confia no meio em que está trabalhando. Se você confia na linguagem, sabe que, se bem utilizada, ela permitirá que uma ambiguidade suficiente ganhe corpo, como na massa do pão. Ela ganhará corpo caso você permita. Se eu, de um modo knausgårdiano, mostrar todos os detalhes possíveis de um ato sexual ou de um assassinato, você ficará chocado ou entretido, mas não será você que gerará essa atitude. Será o artista ou a artista encobrindo você com as próprias impressões. *Amour*, de Michael Haneke, é um dos filmes mais tocantes que já vi. Há uma cena em que a personagem interpretada por Isabelle Huppert fica sozinha no apartamento de seus pais, depois da morte de ambos: sua mãe morta por seu pai, seu pai suicidado. Isabelle Huppert perguntou a Haneke "como você quer que eu atue?". Ele disse "não faça nada, não sinta nada, simplesmente fique aí". O espectador sentirá a emoção porque a atriz não sente nada.

SG —— Ou as coisas acontecem na página, ou acontecem na mente do leitor.

AM —— É melhor que aconteçam na mente do leitor, claro. Elas precisam ser escritas de tal modo que permitam que você, o leitor, viva nas entrelinhas.

VIRANDO COSMOPOLITA

SG —— Você partiu para a Europa quando tinha 19 anos. Por quê?

AM —— Terminei o ensino médio em 1966. Decidi que tentaria ir para a faculdade e comecei a estudar ciência da literatura. Cursei o primeiro ano e achei excruciantemente chato. Depois de ter estudado com aqueles ótimos professores no ensino médio e com Borges, ter que ouvir alguém dizer que "em 1326, isto aconteceu, e, em 1327, aquilo aconteceu" – achei insuportável.

Larguei a faculdade e trabalhei durante um ano em uma editora pequena, Galerna, que havia acabado de ser fundada pelo jovem Willie Schavelzon, que, hoje, mais de meio século depois, é meu agente literário.

Para responder à sua pergunta sobre o porquê de ter ido para a Europa: parti porque estava ficando impaciente com a Argentina, queria ver o mundo. Eu me apaixonei por Paris quando estive lá com meu irmão, nós fizemos uma daquelas excursões de ônibus de "30 cidades em uma semana". Fui embora de navio, a forma mais barata possível, e cheguei à Europa com algumas cartas de recomendação. Nessa época, ainda fazíamos cartas de recomendação. Eu havia conhecido todos os escritores da Argentina graças a Borges e à editora. Em Paris, fui apresentado a Héctor Bianciotti, um homem maravilhoso, o primeiro escritor argentino a entrar para a Academia Francesa como escritor francês. Ele trabalhava para a Gallimard, e então conseguiu que eu fosse editor lá. Eu lia em inglês, espanhol e alemão e fazia pequenos relatórios. Foi nessa época que li John Hawkes, Manuel Puig, Arno Schmidt, e eles foram publicados.

Eu recebia um salário modesto e vivia com ele. Eu tinha um quartinho no último andar de um hotel em Saint-Germain. Ficava no sótão e, por isso, era ocupado por prostitutas. Elas eram maravilhosamente amigáveis, compartilhavam refeições comigo, e passei um tempo formidável lá. Conheci outros escritores; um deles, o cubano Severo Sarduy, conseguiu que eu escrevesse uma peça para o rádio, me apresentou a Roland Barthes, e assim por diante.

Deve ter sido no começo dos anos 1970 que escrevi uma série de contos e os enviei para uma competição do *La Nación*, um jornal de Buenos Aires. Ganhei, junto com outro jovem escritor, e propuseram que eu voltasse para lá e trabalhasse para o jornal por um ano, o que fiz.

SG —— Essa foi sua primeira experiência jornalística?

AM —— Foi fascinante, porque, na época, o jornal era muito antiquado. Havia uma única sala de redação. Nela ficava uma mesa comprida, com máquinas de escrever de ambos os lados, e alguns dos escritores e jornalistas mais distintos trabalhavam ali. Eu era o mais jovem, com 22 anos, e me mandavam fazer todo tipo de coisa: cobrir um roubo ou um discurso político, e aprendi muito com isso. Escrevi os obituários de Golda Meir e Agatha Christie.

SG —— Mas você não ficou em Buenos Aires.

AM —— Era o começo da ditadura militar. Foi difícil, testemunhei alguns processos muito injustos e tinha a suspeita de que as coisas piorariam ainda mais. Voltei para Paris e tentei chegar a Londres, tudo isso com um passaporte argentino. Eu não tinha visto de trabalho e fui barrado a caminho da Inglaterra.

Voltei a Paris, mas não tinha nenhum dinheiro. Conheci o dono de uma livraria especializada em arte oriental e africana, *Herr* Fischbacher, da Alsácia. Ele tinha sofrido durante a ocupação alemã e, como era muito sensível a pessoas como eu, que não tinham documentos, me ofereceu um emprego na livraria. Nos fundos da loja, havia um quartinho onde eu coloquei um colchão. Assim, tinha um lugar para dormir, e lembro do êxtase da primeira manhã em que fui pago, depois de uma semana, e pude tomar um grande café da manhã em um café. Foi uma alegria imensa. Quando temos um salário normal e uma casa normal, todo café da manhã é igual. Mas, caso não comamos por alguns dias, é glorioso, o mundo é maravilhoso.

SG —— Você não ficou muito tempo em Paris.

AM —— Na época, o editor italiano Franco Maria Ricci ficou entusiasmado com Borges e quis ajudá-lo. Borges estava bastante empobrecido, e Ricci, que era milionário, inventou projetos para dar dinheiro a ele. Em um dado momento, Ricci preparou uma série chamada "I segni dell'uomo" [Os signos do homem], com belas edições de luxo, e queria editar o único conto mais longo de Borges, chamado *O congresso*. O texto seria publicado em italiano, francês, espanhol e inglês, e, quando estavam procurando por um tradutor, Borges disse "por que não pede a Alberto?". Ricci veio a Paris, tomamos um café e ele perguntou "você não gostaria de trabalhar para mim, em Milão, como editor?". Eu tinha 20 e poucos anos. Em Milão, conheci

Gianni Guadalupi e a mulher que se tornaria minha esposa, Polly Brewer. Ricci queria abrir uma livraria em Paris e pediu que eu a administrasse, e assim nos mudamos para lá. Mas o salário que recebia não era suficiente para viver em Paris, e, por isso, dei aviso prévio.

Em meu último dia de trabalho na livraria, um cliente chegou e queria comprar livros para sua loja, no Taiti. Perguntei, com esse tipo de descomprometimento que temos às vezes, "ah, você por acaso teria um emprego para um editor no Taiti?". Foi uma pergunta tão absurda! Mas ele disse "bem, na verdade estou montando uma editora e, de fato, preciso de alguém. Vamos almoçar!". Almoçamos, ele me ofereceu o emprego, voltei para casa e disse à minha esposa "vamos nos mudar para o Taiti". Tivemos que procurar no mapa. Mas éramos jovens, e, assim, fomos para o Taiti.

Minhas filhas nasceram na Inglaterra, já que minha esposa não queria dar à luz no Taiti. Por isso, tivemos que viajar para a Inglaterra quando se aproximou a hora do parto. Essa é uma história engraçada: não tínhamos dinheiro para duas passagens, mas a editora pagaria minha viagem para que eu participasse da Feira do Livro de Frankfurt. Então sincronizamos o nascimento das três crianças com a Feira do Livro de Frankfurt, e fiquei conhecido por lá porque era chamado pelos alto-falantes, "Alberto Manguel, por favor, venha com urgência, sua esposa foi levada ao hospital". Minhas duas filhas nasceram durante a Feira do Livro de Frankfurt; meu filho, um mês antes.

SG —— É algo bem adequado a um homem que dedicou a vida aos livros.

AM —— Certamente. Quando voltamos do Taiti, decidimos nos fixar no Canadá. Dois de meus livros haviam sido publicados por lá com um sucesso bastante considerável: *Dicionário de lugares imaginários* e *Black Water: the Anthology of Fantastic Literature* [Águas negras: a antologia da literatura fantástica]. Eu queria conquistar independência financeira com meu trabalho como escritor. Quando chegamos a Toronto, em outubro de 1982, meu filho tinha apenas algumas semanas de vida. Como *freelancer*, eu tinha dificuldade em ganhar dinheiro suficiente para sustentar uma família, e, como as coisas não estavam funcionando entre mim e minha esposa, decidimos nos separar. Polly se mudou para uma casa a alguns quarteirões de distância; as crianças ficavam com ela nos finais de semana e comigo durante a semana. As meninas já estavam no ensino primário. Na época, eu fazia críticas de peças de teatro na televisão, e, assim, levava meu filho comigo para o trabalho. Eu o deixava sentado com alguém da equipe de filmagem e, depois de terminar minha participação, voltava com ele de bicicleta. À noite, precisava de uma babá, já que tinha que assistir aos espetáculos.

SG —— Como você conheceu seu companheiro, Craig Stephenson?

AM —— Foi em 1990. Ele é psicanalista, mas, na época, dava aulas em Toronto. Ele havia organizado uma antologia para escolas, e a direção queria que encontrasse alguém para escrever uma introdução à obra. Ele pensou em mim e me enviou o manuscrito. Como o pacote enviado por correio não chegou, ele trouxe o texto até minha casa. Isso foi na época do Natal, e minha mãe viera nos visitar para ficar conosco. Minha mãe, o cachorro e três crianças estavam correndo por toda a casa quando ele chegou. Foi assim que nos conhecemos, e estamos juntos desde então, há trinta anos.

SG —— Foi uma surpresa para você ter sido um homem?

AM —— Eu já tinha uma vaga ideia. Curiosamente, não foi um grande problema. Ninguém disse "ah, mas isso é terrível".

SG —— E seus filhos?

AM —— Ele é como um segundo pai para eles, que conhecem Craig há trinta anos. Meu filho está com 35. É engraçado que algo que teria sido escandaloso na minha adolescência seja, hoje, um lugar-comum. Quando meu filho me conta "ah, meu amigo Sam se casou", não sei se foi com mulher ou homem, especialmente no Canadá.

ALGO PARECIDO COM *HEIMAT*?

SG —— Você já viveu em tantos lugares. Você tem aquilo que, em alemão, chamamos *Heimat*?³

AM —— Já refleti muitas vezes sobre *Heimat*. Israel certamente não é minha *Heimat*; quando estive lá, foi em meu quarto, com minha babá. Buenos Aires e Argentina poderiam ser minha *Heimat*, mas nosso relacionamento foi muito turbulento. Vindo de uma educação na *deutsche Kultur* e, mais tarde, da experiência canadense, acho difícil estar em uma sociedade que não parece ter ideia alguma de responsabilidade social.
    A literatura dá identidade a uma nação; às vezes é escolhida por essa nação, às vezes, não. Acho que é típico, por exemplo, que a Suíça seja representada por *Heidi*.

SG —— Você está falando sério?

AM —— Temos essa garotinha boazinha que gosta das montanhas e faz o que é certo, e, ao mesmo tempo, o terrível Avô, aquele ermitão que odeia pessoas. Ele é como um vulcão borbulhante que explodirá em algum momento, e Heidi, como contraposição a isso, é um símbolo da Suíça, o país que tem a defesa mais poderosa do mundo, com todos aqueles túneis minados nas montanhas que explodirão caso alguém tente invadi-la. Nisso, é como o avô de Heidi. Mas a *persona* exterior do país, educada e eficiente, é como Heidi.

SG —— Há alguma história similar sobre a identidade da Argentina?

AM —— A Argentina escolheu *Martín Fierro* como seu poema épico, um poema sobre *gauchos* escrito por um intelectual de Buenos Aires no final do século XIX. É a história de um *gaucho* recrutado pelo Exército. O Exército simplesmente vai lá e arregimenta

---

3.   Palavra polissêmica, em alemão o termo *Heimat* pode ser usado para se referir à pátria, ao lar, à terra natal ou, de modo mais amplo, a qualquer lugar (físico ou abstrato) em que nos sintamos em casa. [N. T.]

as pessoas, e ele é obrigado a abandonar mulher e filhos. Ele vira um desertor, e um sargento é mandado para encontrá-lo. Isso acontece nos pampas, e, quando o encontram, Martín Fierro se defende com uma faca e um poncho enrolado no braço, como um soldado romano. De repente, o sargento é atingido por algum tipo de compulsão moral e diz "não deixarei que um homem valente morra desta forma!". Ele se junta a Martín Fierro e luta ao lado do desertor, contra os soldados.

A ideia de que o herói emblemático de uma sociedade seja um desertor que se torna o melhor amigo de outro desertor, um personagem que se volta contra seu próprio povo e contra a autoridade, nos mostra que a autoridade oficial é desprovida de valor: precisamos lutar contra as regras, precisamos lutar contra a lei. Em um dado momento, os dois encontram um *gaucho* mais sábio que tenta educar Martín Fierro. Ele diz coisas como "faça amizade com o juiz, não dê motivos para que ele reclame de nada, porque é sempre bom ter um poste em que possamos coçar as costas". É isso que aprendemos ao ler *Martín Fierro*, assim como a Suíça é educada com a ideia daquela boa menina, ou o Canadá, com *Anne de Green Gables*, em que uma garota determinada trilha seu caminho pela vida de forma honesta. Nos Estados Unidos, temos *Huckleberry Finn* e essa ideia de racismo, um adolescente que representa os Estados Unidos brancos e um escravizado adulto que representa os Estados Unidos negros.

SG —— Você adotou o Canadá como seu país de residência.

AM —— Foi a única vez em que senti que um país poderia ser minha *Heimat* por escolha: quando me tornei cidadão canadense – isso foi em 1982. Eu não sabia nada sobre o Canadá. O Canadá era um borrão rosa no mapa, e aqui encontrei uma sociedade que poderia ser verdadeiramente democrática, uma sociedade em que as estruturas democráticas funcionam, em que as pessoas votam com propósito. Se você quiser mudar algo, pode se juntar a um comitê cívico e implementar mudanças através da lei, as pessoas acreditam em regras. Às vezes, há exageros. Certa vez, fomos a Calgary no meio do inverno, e, durante uma nevasca intensa, minha filha atravessou a rua. Um policial apareceu e disse, "você atravessou fora da faixa". Não havia carros, nevava de forma absurda, mas ela tinha que ir até a esquina e atravessar lá.

SG —— Você gosta disso?

AM —— Prefiro isso à Argentina, onde você é considerado idiota se segue as regras. Se minha *Heimat* na Argentina foi um casamento arranjado, já que calhei de nascer lá, o Canadá foi um casamento por amor. Foi algo que escolhi. Não acredito que devamos ser forçados a ter a nacionalidade do lugar em que nascemos. Não faz sentido algum. Não faz sentido que, porque você carregue um passaporte esloveno, possa morar em Paris, mas eu, que tenho um passaporte canadense, não possa. Eu detesto a burocracia.

SG —— Por que você saiu do Canadá?

AM —— Fiquei no Canadá por uns vinte anos. A única razão para ir embora foi ter conhecido meu companheiro. Craig era professor de literatura, mas queria estudar psicologia junguiana. Ele se candidatou a uma vaga no Instituto Jung, em Zurique, e foi aceito. Era questão de mantermos um relacionamento à distância por cinco, seis anos, ou de eu ir com ele e nos estabelecermos na Europa. Foi uma decisão muito difícil, porque tive que deixar meus filhos.

SG —— Quantos anos eles tinham?

AM —— Eles tinham 6, 9 e 12 anos. Eu conseguia vê-los a cada dois ou três meses. Eles vinham, ficávamos juntos alguns meses e, depois, voltavam, e assim por diante.

SG —— Depois da Suíça, você se mudou para a França.

AM —— Não conseguíamos viver em Zurique, era muito caro. Começamos a procurar algum lugar para morar perto da fronteira com a França, e encontramos Sélestat, na Alsácia. Nós a escolhemos porque eu havia visto um cartaz que dizia "Sélestat bibliothèque humaniste" [biblioteca humanista de Sélestat]. Eu estava escrevendo *Uma história da leitura* na época e descobri que essa *bibliothèque* havia sido montada pelo editor de Erasmo de Roterdã, Beatus Rhenanus. Passamos dois anos maravilhosos lá.

    Meus filhos ainda moravam com a mãe, no Canadá. Minha filha mais velha estava com alguns problemas e, por isso, veio ficar conosco. Ela tinha que terminar o ensino médio, mas não queria fazê-lo em francês, e assim nos mudamos para Paris, onde havia uma escola inglesa. De Paris, fomos para Londres, porque minha ex-esposa havia se mudado para lá com as crianças. Então surgiu a possibilidade de uma residência em Calgary, no Canadá. Fomos para lá por dois anos com meu filho, que se apaixonou pela cidade. Ele ainda mora lá com a esposa. É assim que as coisas acontecem.

SG —— Em agosto de 2020, você se mudou para Montreal por causa da pandemia. Como você está, considerando as circunstâncias?

AM —— Deixe-me responder com uma piada canadense que, para mim, é a definição do Canadá. A vantagem do Canadá como sociedade, sua qualidade principal, é a abertura. Se você vai para os Estados Unidos, precisa se tornar um estadunidense; precisa adaptar o que quer que leve com você para os Estados Unidos. No Canadá, é o oposto: o Canadá se adapta a você. No final dos anos 1980, refugiados sikh vieram para o Canadá e se tornaram cidadãos. Qualquer cidadão canadense pode se alistar como soldado ou se juntar à polícia montada. A imagem da polícia montada é o uniforme: calças pretas, casaco, chapéu. Um sikh queria se tornar um desses policiais, mas os sikhs precisam usar turbantes, não podem tirá-los. Nos Estados Unidos, diriam "você terá que tirar o turbante". No Canadá, mudaram o uniforme. Assim, temos oficiais da polícia montada com turbantes.

    Agora a piada. A rádio nacional canadense, a CBC, organizou uma competição entre ouvintes. De modo similar à expressão estadunidense "*as American as apple pie*" [tão americano quanto torta de maçã], os ouvintes tinham que enviar sugestões para completar a frase "tão canadense quanto". A frase vencedora foi: "tão canadense quanto possível, dadas as circunstâncias". Eu adoro essa piada.

Para responder à sua pergunta sobre como estou agora: tão bem quanto possível, dadas as circunstâncias.

SG —— Como você se sente por ter saído de Nova York?

AM —— Voltar para o Canadá não foi uma coisa ruim. Saímos de Nova York não só por causa do coronavírus, mas também em razão da ganância financeira absurda de uma sociedade que não permite que ninguém que não seja um multimilionário viva confortavelmente ali. De um jeito ou de outro, isso fez com que eu não quisesse ficar por lá. Trump e o coronavírus são similares: infectam tudo. É como o coronavírus no sentido de que, caso você saia de seu apartamento e respire, está no ar. Trump está no ar.

Pensamos que Nova York fosse diferente. Quando W. H. Auden se tornou um cidadão estadunidense, ele disse "não estou me tornando estadunidense, estou me tornando nova-iorquino". Nova York era um lugar fora do mundo. Voltar para o Canadá é bom, mas estou velho, estou cansado. Não quero coisas diferentes, quero rotina. E agora estou no meio deste caos da mudança!

A BIBLIOTECA EM MONDION

SG —— Uma das coisas pelas quais você é famoso, além de *Uma história da leitura* e de ter lido para Borges, é sua biblioteca particular no vilarejo de Mondion, na França. Como ela surgiu?

AM —— Durante o tempo que passei em Calgary, *Uma história da leitura* foi publicado na Alemanha e na França. O livro foi traduzido para 35 línguas e se tornou um *best-seller* nesses dois países. Eu tinha algum dinheiro pela primeira vez na vida, e então pudemos dar entrada em uma casa. Quando não encontramos nada no Canadá, pensamos na França. Viajamos pelo país e, por acaso, caímos em Poitiers. Isso foi em 2000. A área era muito barata, e, lá, encontramos a casa paroquial.

SG —— Essa foi uma nova era na sua vida.

AM —— Foi a concretização de tudo. Era o lugar que eu queria, o jardim que eu queria, e todos os meus livros estavam reunidos em um só lugar, foi um êxtase. Vivi quinze anos no paraíso, mas é da natureza do paraíso que o percamos. E, assim, por razões puramente burocráticas, em 2015 fomos obrigados a nos mudar. Recebi uma proposta para ensinar em Princeton e em Columbia, Nova York, e então fomos para lá.

SG —— Em que consistia o êxtase em Mondion?

AM —— Quando estávamos procurando um lugar para viver, eu queria principalmente que minha biblioteca finalmente fosse montada. Eu vinha colecionando e largando livros, às vezes os perdia, às vezes os deixava com minha irmã ou com um editor. Esses livros formavam uma biblioteca espalhada que eu queria reunir, mas nunca vivi em um lugar grande o bastante para isso. A essa altura, eu tinha quase 40 mil livros. A maior parte estava em um depósito no Canadá.

SG —— Como você encontrou a casa em que pôde montar a biblioteca?

AM —— Nós vimos alguns prédios maravilhosos na região de Poitou-Charentes. Essa é a região da arte românica, a arquitetura data de entre os séculos XI e XIV, e havia prédios magníficos a preços muito baixos. Era possível comprar uma mansão ou um castelo por cerca de 100 mil euros. Eles nos mostraram tantas coisas diferentes que eu finalmente contei ao corretor de imóveis que tinha um desejo absurdo, "você não teria um convento à venda, teria?". Imaginei um pátio interno com colunas. Ele respondeu "não tenho um convento, mas tenho uma casa paroquial". Fomos a um pequeno vilarejo que ficava a apenas meia hora de distância de Poitiers, e eu me apaixonei imediatamente pelo lugar. O vilarejo tinha dez casas, e a casa paroquial ficava em uma pequena rua sem saída, anexa a uma igrejinha. Tinha um grande muro de pedra com um grande portal. Quando abrimos o portal, vimos o jardim extenso, a casa e a igreja à esquerda e uma construção de pedra em ruínas à direita. Era um antigo celeiro, e imediatamente pensei que poderia colocar a biblioteca ali. Assim que o vi, soube que esse era o lugar em que queria morar. Tudo foi milagroso.

Às vezes, tudo se encaixa. Uma amiga arquiteta que por acaso vivia no castelo do vilarejo nos ajudou com a reforma. Ela encontrou pedreiros que sabiam construir muros no estilo do século XII. As pedras grandes eram chamadas de "maiúsculas" e as pequenas, "minúsculas". Era muito divertido, quando os homens passavam as pedras um para o outro, diziam *"passe-moi une majuscule, passe-moi une minuscule"* [passe para mim uma maiúscula, passe para mim uma minúscula]. Para o piso, ela queria um certo tipo de azulejo que permitisse que o calor não ficasse preso no chão, e então nos enviou a um vilarejo a duas horas de distância para encontrar um homem que fazia esses azulejos a mão. Tudo foi absolutamente perfeito. Descobrimos que podíamos encontrar as coisas mais extraordinárias em lugares como o Movimento Emaús (uma organização do tipo Exército da Salvação), já que no interior as pessoas não gostavam de seus móveis antigos e queriam um mobiliário moderno *à la* Ikea. Assim, mobiliamos a casa com móveis dos séculos XVIII e XIX do Exército da Salvação, e que ainda temos.

Meu companheiro cuidava do jardim, tínhamos um cachorro, uma bernês. Lucy era a criatura mais amorosa do mundo. Ela viveu conosco por 15 anos, morreu depois que fomos embora.

SG —— Como você montou sua biblioteca?

AM —— Fiz tudo sozinho. No dia em que o último livro estava na prateleira, levei um toca-fitas para a biblioteca. Coloquei a introdução da *Tannhäuser* de Wagner o mais alto possível e chamei Craig, e, com a *Tannhäuser*, tivemos essa visão extraordinária. O lugar ficou famoso, há várias fotografias da biblioteca, fizeram documentários de televisão. Eu tinha que viajar, porque precisava ganhar a vida dando palestras e tudo mais, mas não queria sair daquele lugar. Eu tinha meus rituais ali.

SG —— Quais rituais?

AM —— Eu acordava entre as 5 e as 6 horas da manhã. Meio adormecido, descia até a cozinha, onde Lucy me cumprimentava. Fazia meu chá, saía para o jardim, sentava em um banco de madeira e assistia ao sol nascer sobre o muro dos fundos, acima das cerejeiras. Depois, ia para minha *écritoire* [mesa de trabalho], que ficava no segundo andar da parte direita da biblioteca. Lucy vinha comigo e se deitava ao lado de meus pés sempre que eu estava escrevendo. Tudo o que eu escrevia, lia primeiro para Lucy. Eu trabalhava de manhã e, em seguida, descia para preparar o almoço e depois tirava uma soneca. À tarde, lia, traduzia ou fazia anotações. À noite, às vezes assistíamos a um filme. Craig toca piano, e então eu me sentava e lia enquanto ele tocava. Era uma vida maravilhosa.

SG —— Você se mudou tantas vezes. Já jogou algum livro fora?

AM —— Só uma vez na vida. Pediram uma resenha para *Psicopata americano*, de Bret Easton Ellis. Achei o livro maligno, infeccioso a ponto de sentir que precisava de um banho quente depois de lê-lo. Há tantas descrições horríveis de dores infligidas a outras pessoas na literatura. *Na colônia penal*, de Kafka, é horrível de ler, ou os olhos arrancados de Gloucester em *Rei Lear*, ou muitas cenas na obra de Sade. Mas a boa literatura não é compatível com preconceitos descarados ou crueldades descaradas, coisas feitas contra outras pessoas com fins puramente malignos. Se é boa literatura, é ambígua. Haverá um contexto narrativo que nos oferecerá uma perspectiva do mal que está sendo descrito. Em *À espera dos bárbaros*, de Coetzee, o personagem do coronel Joll é realmente a encarnação do mal: ele acredita que a dor causada aos outros levará à verdade, e então, quanto mais dor causarmos às pessoas, mais perto chegaremos da verdade. Depois de certo ponto, como em Kafka, já não importa se chegamos à verdade ou não, continuamos a infligir dor, mas, seja em Kafka ou Coetzee, isso está inscrito em um enquadramento filosófico.

Psicopata americano, por sua vez, é um texto escrito para descrever o prazer de causar deliberadamente dor nos outros, especialmente mulheres; e há um tal amor na descrição de todos os momentos de dor, de como ela é causada e com que instrumentos – achei repugnante. Não há escapatória, e Ellis tenta fazer com que seja engraçado, o que é ainda pior. Se eu não tivesse que escrever uma crítica sobre o livro, teria interrompido a leitura. Escrevi a crítica e depois coloquei o livro no lixo. É o único livro que já joguei fora, porque senti que ele contaminaria minha biblioteca.

SG —— Devo confessar que, sim, jogo livros fora.

AM —— Livros ruins são ótimos! Tenho uma coleção de livros ruins na minha biblioteca: tenho Paulo Coelho, tenho *O código Da Vinci*. Eles são inocentemente ruins. São mal escritos e são bons para servir como exemplo. Com *O código Da Vinci*, podemos mostrar o esforço que fazemos como leitores – muito mais do que quando lemos Joyce, muito mais do que quando lemos Lezama Lima – para decifrar a história e corrigi-la. Descobrimos coisas como: este personagem aparece agora, mas já está morto há três capítulos.

SG —— Como você organizou sua biblioteca?

AM —— A biblioteca em Mondion era organizada por língua em que o livro foi originalmente publicado, sem distinção de gênero. Toda literatura em alemão estava junta: Heine, Kafka, Enzensberger e assim por diante, em ordem alfabética. É claro que havia muitas exceções. Eu tinha uma seção para Dante, uma seção para Borges, uma seção para Santo Agostinho. Tinha uma seção para livros de teologia, uma seção para o mito de Don Juan e para o mito de Fausto. Uma sala inteira era dedicada a antologias, e outra, para livros de detetive. Na cozinha, havia uma grande coleção de livros de receitas e de livros sobre comida.

SG —— Aqui vai a pergunta que nunca devemos fazer a alguém que tem uma biblioteca: quantos dos 40 mil livros que ela veio a acolher você realmente leu?

AM —— Abri todos, mas alguns deles li duzentas vezes, como *Alice no País das Maravilhas*, e há outros em que simplesmente li uma palavra ou apenas abri e fechei. Minha relação com os livros é a relação que tenho com o mundo, e a relação que tenho com o mundo copia a que tenho com os livros. Não olho para cada árvore ou cada nuvem ou falo com cada pessoa, mas sei que tudo isso está lá e que é necessário para completar o mundo em que estou. É a mesma coisa com os livros. Não sei quando precisarei de um certo livro, se é que precisarei. Os livros têm uma paciência extraordinária. Eles esperam por nós, mesmo que seja até o fim de nossas vidas, como aconteceu comigo e Dante.

SG —— Você sempre conseguia encontrar seus livros nas prateleiras?

AM —— Depois da destruição do segundo templo por Tito, os judeus continuaram com os rituais como se o templo ainda estivesse lá: dez passos à esquerda, um passo para a direita etc. Guardamos a geografia na cabeça. Se você me perguntar "onde você guardava os aforismos de Goethe em sua biblioteca?", eu saberei qual era a prateleira, poderia esticar minha mão e pegar o volume. Falo da biblioteca como se fosse minha síndrome do membro fantasma. Quando nossos braços são decepados, ainda sentimos uma coceira nos lugares em que eles ficavam. Sinto a biblioteca da mesma forma.

Mesmo hoje, sei dizer onde um livro está. Encontro até mesmo a página, a linha da citação que estou procurando. A memória do texto é o único tipo de memória que tenho. Fora de minha biblioteca, não tenho ideia se devo virar à esquerda ou à direita, eu conseguia me perder até mesmo naquele vilarejo de dez casas. Esqueço os nomes das pessoas, esqueço os rostos das pessoas. Caso nos encontremos um dia, espero que você me desculpe por levar algum tempo para lembrar quem você é.

SG —— O que aconteceu com a casa de Mondion? Como você perdeu o paraíso?

AM —— A vida inteira lutei contra a burocracia. Estávamos vivendo na França havia 15 anos, eu tinha recebido a maior honraria do Ministério da Cultura, a *Commandeur de l'Ordre des Arts et des Lettres* [Comandante da Ordem das Artes e das Letras], e há uma biblioteca em um liceu de Poitiers que carrega meu nome. Durante a presidência de Nicolas Sarkozy, dei uma entrevista em que o criticava pela violação de alguns direitos que estão inscritos na Constituição francesa. Algo similar ao que eu havia visto na Argentina: na véspera do golpe que deu início à ditadura militar, as pessoas diziam que era impossível que algo do tipo acontecesse na Argentina. Bem, aconteceu. Sempre temos que estar vigilantes, mesmo na mais segura das sociedades. Não é nada difícil converter a autoridade em autoridade absoluta.

Essa entrevista foi colocada no YouTube, e um amigo de Sarkozy que estava na delegacia tributária de Poitiers quis se vingar de mim. Não vou entrar em detalhes. Há um acordo tributário entre a França e o Canadá, e pagávamos nossos impostos no Canadá, porque o Canadá exigia que fosse assim. Um dia, recebemos uma carta dessa delegacia tributária de Poitiers que dizia que teríamos que pagar os impostos dos últimos cinco anos para a França e que deveríamos entregar uma lista com comprovantes de aquisição de cada um dos livros da biblioteca. Tivemos que contratar advogados, e tudo isso levou anos. O estresse foi imenso, a cada dia recebíamos uma nova carta. Meu derrame veio daí. Então, quando me ofereceram um cargo como professor em Princeton e em Columbia e Craig teve a proposta de um cargo na associação junguiana de Nova York, dissemos: somos velhos demais para esta batalha, temos que ir embora. Vendemos a casa em 2015. Encaixotei a biblioteca e a enviei para Montreal, para o depósito de meu editor, e nos mudamos para Nova York.

SG —— Como você sobreviveu à perda de Mondion?

AM —— Com a escrita de *Encaixotando minha biblioteca*. Não sei como as pessoas sobrevivem sem uma forma criativa de extravasão. Em nossas sociedades, somos confrontados com a destruição constante da empatia, da simpatia, da curiosidade, da inteligência, da igualdade, do senso de justiça. Nossas sociedades são como um tipo de escavadeira que quer eliminar todas essas coisas, o que nos conduz para o suicídio coletivo. Não sei como as pessoas que não conseguem ou não querem contrabalançar essa destruição com um pequeno nível de construção, seja assando um bolo, educando uma criança, pintando um quadro, compondo alguma música, dançando ou escrevendo, fazem para sobreviver. É como se assistíssemos a uma daquelas bolas enormes que usam para derrubar edifícios e nos sentássemos para ver prédio atrás de prédio ser demolido sem fazer nada a respeito.

A saída de Mondion foi trágica. Tenho comigo esta imagem que envolve tartarugas, já contei sobre como elas foram importantes para minha infância. Craig fez um estudo sobre o simbolismo das tartarugas e passou um verão em um santuário dedicado a elas no sul da França. As tartarugas feridas eram levadas para esse santuário, sobretudo as que tiveram os cascos cortados após serem atingidas nos campos pelos veículos dos fazendeiros. Craig e outros voluntários tinham que reconstruir o casco com laca: uma camada de laca sobre outra a fim de remodelar o casco. Essa imagem ficou comigo. Quando deixei Mondion, senti como se eu fosse uma dessas tartarugas cujo casco foi cortado. Mondion era meu casco, eu me sentia protegido. Era um lugar que havíamos construído nos mínimos detalhes, tínhamos caçado os azulejos, encontrado coisinhas em brechós e feiras de final de semana. Deixar Mondion foi uma verdadeira tragédia para mim.

SG —— Há planos para a reconstrução da biblioteca?

AM —— Desde que encaixotamos a biblioteca, muitas pessoas de lugares diferentes vêm tentando remontá-la. Depois de uma fala em um clube em Nova York, dois dos membros disseram "criaremos uma fundação para trazer a biblioteca para Nova York". Eles arranjaram o dinheiro, mas ainda precisavam da doação de um prédio. Em Nova York, quando você doa um prédio para fins culturais, ganha um abatimento gigantesco de impostos. Mas não encontramos um prédio. O prefeito de Québec teve a ideia de montar minha biblioteca em uma das belas igrejas que estão sendo transformadas em centros culturais de vários tipos. Fiquei muito entusiasmado, fizemos reuniões e houve uma carta assinada por mais de uma dúzia de intelectuais do Québec a favor do projeto. Mas então a prefeitura queria criar um *tramway* para a cidade, e todo o dinheiro foi direcionado para isso. Em Montreal, o colégio jesuíta estava interessado, mas não deu em nada. Houve propostas em Istambul e na Cidade do México que também caíram por terra. A essa altura, sentia que nunca ia acontecer. Mas agora surgiu algo novo: o prefeito de Lisboa está interessado em fundar uma biblioteca em um palácio da cidade velha. Estive em Lisboa em fevereiro e falamos sobre o projeto. Só que depois veio a pandemia do coronavírus. Mas hoje, apesar da pandemia, o projeto está acontecendo. A reforma do prédio que abrigará a biblioteca foi planejada e supostamente estará pronta até 2022. Portugal é um país que acredita no futuro.

LIVROS SOBRE LIVROS

SG —— Jean-Paul distinguiu entre os poetas e filósofos que **criam** a arte em si, que "*machen Stoff*", em alemão, e todos os outros escritores que só **trabalham com** a arte, "*am Stoff*" ("*Nur zwei rein schaffende Autoren gibt's, die Dichter und die Philosophen, alle übrigen schaffen am Stoffe und erschaffen ihn nicht*"). Você faz os dois: escreve ficção e escreve livros sobre livros. Qual é a diferença?

AM —— Como todo adolescente que lê, eu escrevia contos e poemas. Depois percebi que nunca seria capaz de escrever algo que pudesse ser colocado ao lado de Borges, Stevenson ou Goethe. E então pensei: serei somente um leitor. Estarei do outro lado da página e ficarei muito feliz: trabalharei "com o *Stoff*", mas não "criarei *Stoff*".

Eu lia em várias línguas e, como muitos de meus amigos liam apenas em inglês, comecei a montar antologias. As antologias eram uma extensão da minha leitura: eu escrevia introduções e traduzia os textos que colocava nelas.

Quando eu estava trabalhando em Milão, nos anos 1970, preparei, com meu amigo Gianni Guadalupi, o *Dicionário de lugares imaginários*. Mal tínhamos 20 anos, dispúnhamos de muito tempo livre. Gianni era um grande leitor e, um dia, disse: "Li *La Ville-Vampire* [A cidade-vampiro] de Paul Féval. Seria divertido fazer um *Guide bleu* da cidade dos vampiros como se ela existisse de verdade e que indicasse lugares para comer e dormir e como chegar até lá". Começamos com *La Ville-Vampire* e daí pensamos, bem, vamos fazer mais um.

Fizemos mapas precisos, calculamos quanto tempo demoraria para que o professor Challenger fosse de um vilarejo indígena às margens do rio Amazonas até o Mundo Perdido. Até que distância um homem forte conseguiria abrir caminho por uma selva sul-americana como aquela? Nós nos comprometemos a não incluir informações que não estivessem nos livros originais, e tratávamos os dados oferecidos como se fossem verdade. Prosseguimos com muita seriedade e, duas mil entradas mais tarde, tínhamos um livro bem grande. Foi um grande sucesso, Italo Calvino escreveu um pequeno ensaio sobre ele. E depois disso escrevi *Uma história da leitura*.

SG —— Qual é o segredo para a organização de antologias?

AM —— Como antologista, lido com categorias literárias que têm experiências diferentes como base. Peguemos um conto como "Os assassinos", de Ernest Hemingway: dois homens violentos estão procurando pelo homem que vieram matar, é uma história contada pelos olhos de um jovem. Se colocarmos esse conto em uma antologia de histórias de detetive, ele se torna uma história de detetive. Se colocarmos esse mesmo conto em uma antologia sobre homens, ele se torna emblemático do comportamento masculino. Se o colocarmos em um livro com histórias sobre a adolescência, faremos com que o ponto de vista do leitor mude para o do garoto adolescente.

Textos e filmes passam a ser rotulados pelos pontos de vista que escolhemos. Do ponto de vista da pandemia, eu poderia agora colocar vários romances na prateleira "pandêmica". *Os noivos*, de Manzoni, que podemos rotular como a maior história de amor escrita na literatura italiana, de repente se torna um romance sobre a pandemia. E com filmes é a mesma coisa: qualquer filme de zumbis vira um filme sobre a pandemia.

Contaminamos aquilo que olhamos ao rotulá-lo a partir de um certo ponto de vista. Isso enriquece o que vemos e, ao mesmo tempo, priva o objeto de sentidos mais ambíguos.

O LIVRO COMO OBJETO

SG —— Você se interessa não só pela literatura, mas também pelos livros físicos. O que os livros em si significam para você?

AM —— Borges, que foi o maior leitor que conheci, não se interessava pelo livro como objeto. Ele às vezes tinha uma relação sentimental com um livro que pertencera à mãe ou que um amigo lhe dera de presente, mas, fora esses casos, o objeto em si não importava para ele. Ele dava os próprios livros o tempo todo. Você poderia visitá-lo e conversar sobre William James, e Borges diria: "Pegue este livro e leia".

Ele não tinha o que eu chamo de uma relação fetichista com o livro como objeto. Eu tenho. Examino catálogos de livros raros como um *gourmet* analisa um menu gastronômico. Amo livros bonitos, amo encadernações bonitas, amo livros que tenham uma história. Não tenho dinheiro para comprar o que quero, mas tenho alguns livros que amo pela aparência. Frequentemente pego um livro pela beleza ou por ser muito antigo. Tenho uma edição de Cícero preparada por Aldus Manutius. Tenho edições antigas, ainda que existam edições anotadas modernas que seriam muito mais práticas.

SG —— A palavra "fetiche" significa que um objeto possui uma aura sagrada. É isso que você pensa sobre os livros?

AM —— Na Idade Média, quando os livros eram raros, as bíblias e outros textos religiosos eram protegidos por tecidos. Há muitas imagens de santos que cobrem as mãos com panos para segurar um livro, e há imagens de livros entronizados como se fossem divindades. Essa não é de modo algum minha relação com eles. Rabisco nos livros, não acredito que sejam objetos sagrados.

SG —— Com o passar do tempo, os livros foram ficando menores e mais leves: de tábuas de pedra a pergaminhos, a volumes encadernados em couro e a livros de bolso. E agora temos o *e-book*, que não tem nenhum tipo de presença material. O que você acha dos *e-books*?

AM —— Não tenho uma relação com *e-books*. Isso não deve ser entendido como uma crítica, é uma preferência. Há pessoas que gostam de pêssego e há pessoas que não gostam de pêssego, e eu não gosto de textos virtuais. Claro, tenho que usá-los e, agora, com o coronavírus, sou muito agradecido por poder me comunicar com meus amigos via *e-mail*. Mas não leio livros eletrônicos.

SG —— Por quê?

AM —— Quero segurar o livro nas mãos. Quero ter a sensação de quão grande ele é. Quero virar fisicamente as páginas. Quero rabiscar meus livros. Não gosto da falta de hierarquia. Na tela, o livro é exatamente igual, seja ele um romance de Dan Brown ou um texto de Platão. E quero poder identificar a editora. Mas, de novo, isto não é uma crítica. Tive uma biblioteca com 40 mil livros e raramente houve momentos em que precisei dizer: não tenho esse livro. E, caso não tivesse, eu o comprava. Eu sabia que jamais leria os 40 mil livros, e assim sempre havia algo novo para explorar.

SG —— Como a sua vida foi mudada pela internet?

AM —— Ray Bradbury chamou a internet de "uma grande distração". Como as pessoas conseguem gastar seu tempo olhando para um gato lamber sorvete? Claro, quando vamos ao Google Scholar, encontramos alguns artigos acadêmicos que são interessantes e que, de outro modo, precisaríamos esperar muito tempo para acessar.

SG —— Você nunca experimentou usar redes sociais?

Nunca em toda a minha vida! E nunca experimentarei. Mas, de novo, isto não é uma crítica. A única página que tenho na internet é um *site* preparado para mim por dois queridos amigos alemães, os livreiros de antiquário extraordinariamente leais Gottwalt Pankow e Lucie Pabel, de Hamburgo: www.manguel.com. Eles o fizeram porque algumas pessoas estavam montando *sites* para Alberto Manguel, e então eu disse: ok, vamos fazer uma página oficial. Escolhi os artigos que queria lá, há uma biografia oficial e, quando viajo, uma cronologia de minhas palestras.

SG —— Você não tem nem mesmo um telefone celular.

AM —— Por que diabos eu precisaria de um telefone celular? Se eu fosse um neurocirurgião que precisasse ser contactado às 3 da manhã para realizar uma operação de emergência, certamente teria um celular. Ou, se tivesse um carro, um celular poderia ser útil, caso o carro quebrasse no meio do mato. Mas não tenho um carro. Mesmo se alguém morresse – que diferença faria se eu ficasse sabendo disso por *e-mail* ou por telefone fixo?

SG —— Você usa a Wikipédia?

AM —— Confesso que, às vezes, sim. Caso precise verificar rapidamente o ano da morte de Shakespeare, olharei na Wikipédia. Mas depois confirmaria, e considero um tipo de trapaça.

SG —— Por quê?

AM —— Meu amigo, o finado poeta canadense Richard Outram, se recusava a ter um dicionário de rimas porque dizia, "se eu não consigo encontrar uma rima em minha cabeça, ela não é minha". E, se eu não consigo encontrar um fato sobre Maimônides em minha cabeça, vou até meus livros sobre Maimônides. Neles, posso comparar informações e formar minha própria opinião quanto ao valor de certo fato. Mas uma opinião que venha da internet e declare, por exemplo, que as intenções de Maimônides eram estas ou aquelas me exclui do diálogo.

E há ainda uma outra coisa, algo irracional. Desde que era criança, nunca gostei que as pessoas me dessem sugestões, seja sobre o que ler ou sobre como brincar com meus animais. Durante minha infância, minha adolescência e até mais tarde, quando um professor dizia "você terá que escrever um ensaio sobre a história romana, e pode escrever, por exemplo, sobre as campanhas de Júlio César", assim que o professor dissesse "por exemplo", eu sabia que não escreveria sobre aquilo, porque não teria sido minha escolha. Talvez seja arrogância ou orgulho. Tenho certeza de que é algum pecado que faz com que eu não queira seguir sugestões. Em *Poems for Children* [Poemas para crianças], Robert Louis Stevenson tem um pequeno poema em que diz:

Ao crescer e virar adulto
Orgulhoso e de grande vulto
Pr'outras crianças direi, sem medos,
Que não mexam em meus brinquedos.[4]

E não quero que as pessoas mexam em meus brinquedos.

SG —— Hoje, tudo está a "um clique de distância", como se costuma dizer. Talvez isso seja um tipo de inflação que faz com que o conhecimento perca parte de seu valor.

AM —— Mas isso é conhecimento? Sêneca traça essa distinção ao falar sobre pessoas donas de grandes bibliotecas. Há uma diferença entre o conhecimento e o mero acúmulo do conhecimento.

SG —— O que é conhecimento?

AM —— Não sei dizer, mas suponho que o conhecimento seja a formulação de questões que, em si mesmas, são satisfatórias mesmo sem a expectativa de que uma resposta será alcançada.

SG —— O compositor Herbert Brün disse que "uma questão legítima é uma questão sem resposta definitiva".

AM —— Essa é uma definição para a literatura.

---

4. No original: "When I am grown to man's estate/ I will be very proud and great/ And tell the other girls and boys/ Not to meddle with my toys". [N. T.]

LITERATURA E TERAPIA

SG —— A leitura de livros é algo bem-visto. Ela seria capaz de fazer com que sejamos seres humanos melhores?

AM —— Eu já falei sobre meu ensino médio, sobre como foi ótimo. Um professor de literatura lia Kafka e Ray Bradbury conosco e fazia com que nos sentíssemos parte daquele mundo, que esses livros falavam sobre nós e nossas angústias de adolescentes. Eu tinha 14, 15 anos, e esse professor realmente abriu o mundo da literatura para mim e a relação que os livros passaram a ter com a minha vida. Como já disse, terminei o ensino médio com 18 anos e fui para a Europa com 19, bem no começo da ditadura militar na Argentina. Minha escola virou um dos alvos dos militares porque estava no âmago da vida intelectual e política, era o lugar de onde vinha a maioria dos intelectuais e políticos. Muitas dessas crianças, amigas minhas, foram presas e torturadas, algumas foram mortas de jeitos terríveis.

Muitos anos depois, na década de 1980, encontrei por acaso um amigo da escola. Ele havia se exilado no Brasil, e conversamos sobre os velhos tempos, a escola, os professores, e eu disse que lembrava em particular desse professor de literatura, que era tão bom. Meu amigo disse, "então você não ficou sabendo?". Esse professor era o elo dos militares com a escola. Foi ele que denunciou aquelas crianças aos militares. E não só as denunciou, mas as denunciou em detalhes, já que as conhecia tão bem. No caso de uma garota que foi torturada e, depois de dopada, jogada de um avião para dentro de um rio, o professor disse aos militares que eles não deveriam torturá-la, mas que deveriam encontrar a avó dela e torturá-la na frente da garota.

SG —— Como você reagiu a essa notícia?

AM —— Três questões se colocaram diante de mim. O homem que fizera aquelas coisas terríveis defendia a literatura de uma forma que era compartilhada por mim. Será que eu deveria rejeitar o que ele dizia e sentia sobre a literatura porque o relacionamento dele com a literatura estava manchado pela possibilidade de permitir a tortura de crianças? Essa foi a primeira questão. A segunda foi: será que eu deveria ignorar o que ouvi sobre a tortura e continuar apenas com a imagem do professor que me encorajava a ler com empatia? A terceira possibilidade era, para mim, a mais difícil: manter os dois juntos, o leitor experiente e o traidor, e deixar isso como uma questão aberta.

Por toda a minha vida encontrei essas questões na literatura, e, assim, decidi externalizar o dilema eu mesmo através da escrita. E foi por isso que escrevi meu primeiro romance.

SG —— Seu romance *News from a Foreign Country Came* [Chegaram notícias de um país estrangeiro] foi publicado em 1991. Como você transformou essa experiência em literatura?

AM —— O personagem principal do livro havia sido oficial no Exército francês. Ele participou da guerra da Argélia, onde foi torturador profissional. Antes de se aposentar no Québec, pedem que ele vá à Argentina para ensinar estratégias de tortura aos militares. Quando eu estava escrevendo o romance, disse a mim mesmo: não quero descrever a tortura, mas preciso entender como esse homem se justifica a si mesmo. Preciso entender como você pode ficar em uma sala e afiar ferramentas para, deliberadamente, causar dor em outra pessoa. E eu não conseguia escrever sobre isso. Uma amiga minha, a escritora Susan Swan, disse "você não conseguirá escrever até que seja capaz de imaginar a si mesmo fazendo essas coisas". E essa foi a chave que me abriu para esse personagem. Claro, eu sabia que não faria nada daquilo, mas tive que reconhecer que a possibilidade de torturar alguém estava em mim. E então escrevi o personagem. Foi muito difícil reconhecer que eu era capaz de imaginar a mim mesmo torturando alguém, mas, para escrever sobre isso, precisamos entender como funciona.

SG —— É como um projeto de pesquisa. Você queria descobrir alguma coisa.

AM —— Também foi uma purgação. Eu sabia que, se colocasse em palavras, ficaria no livro. Não me abandonaria, mas não estaria se debatendo contra as paredes do meu cérebro.

SG —— Então foi um ato terapêutico?

AM —— A literatura *é* terapêutica.

SG —— De que forma a literatura é terapêutica?

A literatura não é criada para que seja terapêutica, e também não é criada para ser uma mensagem política, uma carta de amor ou algo do tipo. Essas coisas são qualidades aleatórias. Em sua melhor expressão, a literatura é construída de acordo com suas próprias leis secretas. Se o escritor as reconhece e as segue, o trabalho se aproximará do melhor que pode ser. O leitor consegue perceber quando o escritor não foi completamente fiel ao trabalho e algo se tornou convencional, quando alguma saída fácil foi usada. O suicídio de Werther, por exemplo, sempre me pareceu um erro. O que teria sido mais interessante, para mim, é algo como o que Goethe constrói em *As afinidades eletivas*. Lá, temos um jogo complexo de pingue-pongue entre quatro pessoas que não é resolvido pelo suicídio ou pela morte de alguém. Quando o personagem de um romance comete suicídio, em muitos casos sinto que o autor está tirando o corpo fora: ele não teve a coragem de deixar o personagem viver. Ninguém se suicida em Beckett, ainda que todos tenham muitos motivos para fazê-lo. Para voltar à qualidade terapêutica da literatura: se o leitor traduzir o romance para suas próprias experiências, a leitura poderá se tornar terapêutica da mesma forma como nosso contato com a natureza pode ser terapêutico. A natureza não está lá fora para nos curar ou nos agradar. Ela simplesmente existe, mas construímos sentidos nos relacionamentos que estabelecemos com ela.

SG —— E quanto ao escritor? Escrever também é terapêutico?

AM —— O que acontece com quem escreve não pode ser sabido por ninguém, é muito raro que seja sabido pelo próprio escritor. Toda vez que um crítico sugere o que o escritor estava tentando fazer ou como ele se sentia, isso é uma ficção, às vezes uma adivinhação mais esclarecida. E, acima de tudo, não tem importância nenhuma. Como escritor, e hesito muito em usar essa palavra para falar de mim mesmo, me sinto melhor quando escrevo. Me sinto consolado. Me sinto calmo. Neste mundo cada vez mais louco, escrever, para mim, é o único lugar de sanidade.

SG —— Quando estudamos literatura, a primeira coisa que aprendemos é a não confundir o autor com a voz que está contando a história.

AM —— É uma confusão que acontece frequentemente na cabeça do público em geral. Pegar elementos do personagem e aplicá-los ao autor também é comum. Muitos leitores pensam que, como escreveu o *Fausto*, Goethe deve ter sido um homem que se preocupava com o envelhecimento. Se um escritor produz uma obra-prima como o *Fausto* ou o *Dom Quixote*, o público quer acreditar que a pessoa que escreveu esse livro é dotada de qualidades morais e éticas fora do comum, o que não é o caso. Temos o exemplo de Peter Handke, que é um escritor extraordinário e que, como pessoa, é condescendente com um homicídio em massa e com um torturador. Como isso é possível? Bem, é possível. A escrita não acontece graças a um indivíduo que está vivo no mundo, e sim graças à imaginação e aos poderes criativos desse indivíduo, mas um não tem nada a ver com o outro.

SG —— "Às vezes, bons livros são escritos por pessoas ruins", escreveu o ensaísta estadunidense William H. Gass...

AM —— O ser humano e o artista que cria não pertencem ao mesmo universo. Eles calham de coincidir em um mesmo corpo, mas não são a mesma coisa. Shakespeare foi um cobrador de impostos terrível no fim da vida. Dante era arrogante e orgulhoso. Caravaggio matou uma pessoa. Cervantes foi acusado de prostituir as irmãs. Jünger esteve no Exército de Hitler. E Louis-Ferdinand Céline, o maior romancista do século XX, escreveu panfletos fascistas e antissemitas. Mas esses panfletos não são boa literatura.

SG —— O que acontece com o ser humano quando ele ou ela se transforma em um autor e começa a escrever?

AM —— Você está perguntando: por que a musa visita Louis-Ferdinand Céline, e não o bom Joe Müller, que é um homem maravilhoso, cuida dos filhos, ama a esposa e escreve poemas horrorosos? O "Livro de Jó" tenta propor essas questões, mas não dá respostas. Por que a sorte, a iluminação e todos os benefícios que podemos imaginar visitam algumas pessoas que aparentemente não merecem nada daquilo? Também não sei a resposta para isso.

SG —— Mas o que acontece com pessoas ruins que começam a escrever bons livros? Qual é a transformação?

AM —— Elas têm talento. Você pode ser uma pessoa maligna e, ao mesmo tempo, ser um dos maiores poetas do mundo. Veja Lautréamont. A imaginação dele era a mais desolada, sombria, mais selvagem que podemos conceber, e, claro, ele o fazia para provar que todas essas noções de mal eram românticas. Ele dizia "você quer ver o que é o mal? Isto é o mal!".

SG —— Aparentemente, a arte não nos protege contra nada.

AM —— É claro que não! Que a arte nos proteja, que nos ilumine e nos eduque, que nos faça indivíduos melhores e mais justos é uma invenção de algumas pessoas com boas intenções. Ela não necessariamente faz nenhuma dessas coisas. Ela *pode* fazê-las. Você *pode* ler "Torso arcaico de Apolo" e ter uma mudança de vida, como Rilke disse, mas isso não acontecerá com 99% das pessoas. Peguemos o antigo clichê do coronel nazista que manda um grupo de judeus para a câmara de gás e, depois, vai para casa e escuta Mozart. Mozart o transformou? Não. Mozart pode transformar as pessoas? Pode.

O ANIMAL CONTADOR DE HISTÓRIAS

SG —— "Precisamos de histórias para viver", diz Joan Didion.

AM —— Considero que o impulso narrativo é parte constituinte do ser humano. Esse impulso trafega em dois sentidos: temos um impulso natural a contar histórias e temos um impulso natural a receber histórias. Crianças com quem ninguém conversa morrem.

    Encontramos sentido no mundo através de histórias, mas essas histórias são fabricadas por nós. Aquilo que chamamos de realidade ou de eventos históricos são narrações dessa realidade, desses eventos históricos. Durante a Primeira Guerra Mundial, Ernst Bloch escreveu um ensaio sobre as mentiras na guerra e cunhou um aforismo sobre a guerra ser o terreno mais fértil para as mentiras. Hoje vemos que não precisamos de uma guerra para isso. Em um clima político que ignora descaradamente o que chamamos de normas democráticas, mentir passa a ser uma forma de narrar uma realidade em que as pessoas acreditarão.

SG —— Em muitas línguas, a palavra para o ato de contar uma história está relacionada aos números. Em inglês, temos "*to tell*", "*to recount*"; em alemão, é "*erzählen*", e em francês, "*raconter*".

AM —— No início da linguagem escrita, encontramos não a poesia, mas a contabilidade. Os primeiros exemplos de escrita são transações comerciais: duas cabras, duas ovelhas.

SG —— Para mim, isso sempre foi algo contraintuitivo. Por que é que a escrita não começou com a poesia?

AM —— Os poetas não precisam da escrita, no fim das contas. Homero compôs na própria cabeça, e muitos poetas escrevem na melodia de seus pensamentos. É por isso que, quando ficou cego, Borges disse que continuaria a escrever poesia, já que era algo que vinha a ele como música. Mas contadores precisam registrar os fatos numéricos de suas contabilidades. É muito difícil lembrar quatrocentas transações de compra e venda, e por isso faz sentido que a escrita tenha começado quando as pessoas quiseram se lembrar: vendi duas cabras para você e você pagou por uma, mas ainda me deve pela outra.

    O que me interessa mais é a recuperação que os poetas fizeram da arte da contabilidade. De repente, um poeta disse "em vez de registrar que vendi duas ovelhas, por que não escrevo os versos que inventei, de modo que alguma outra pessoa possa lê-los e recitá-los?". Essa passagem de uma função a outra é um grande gesto imaginativo.

SG —— O que faz com que sejamos animais contadores de histórias, para começo de conversa?

AM —— Como espécie, desenvolvemos a imaginação como um instrumento de sobrevivência: para adivinhar o que aconteceria caso fizéssemos isto ou aquilo. Essa imaginação das experiências possíveis se transformou na imaginação de experiências que explicariam questões sobre o mundo, questões sobre nós mesmos e sobre nosso relacionamento com a criação.

Penso que a necessidade de contar histórias corresponde à necessidade de conhecer o mundo. O mundo não nos dá respostas. O mundo é uma entidade silente, muda, que vive por conta própria e não precisa de nós. O coronavírus é muito mais forte do que nós, e o mundo não liga para quem sobreviverá, se o coronavírus ou nós. Não há um propósito no que o coronavírus faz, já que ele não tem consciência. Mas nós temos, e isso é uma prova da imaginação como instrumento de sobrevivência: se o coronavírus fosse ameaçado, ele não diria "vamos todos ficar em casa e usar máscaras", mas nós dizemos. Essa estratégia foi implementada porque somos criaturas contadoras de histórias.

SG —— O cientista do clima John Schellnhuber tem se perguntado há anos: onde está o Homero das mudanças climáticas?

AM —— Precisamos sempre de um Homero. A religião entendeu isso logo de saída. Não dá para convencer as pessoas com o dogma, elas são convencidas com histórias. Toda religião precisa contar uma história, porque de outro modo pararemos de ouvir.

Mas eu não me interesso por literatura que fale sobre as mudanças climáticas. As mudanças climáticas obviamente existem e nós obviamente temos que fazer algo a respeito delas. Mas a literatura está na posição de Cassandra. Cassandra diz "esta catástrofe acontecerá!", e todo mundo fala "sim, claro, que divertido!". A literatura tem nos alertado para as mudanças climáticas desde sempre, a começar pelas histórias sobre inundações, é algo que já está na épica de Gilgámesh.

    Não acredito que a literatura tenha ou a obrigação ou a possibilidade de consertar o que quer que seja. A literatura pode nos mostrar uma experiência, pode colocar uma situação na nossa frente, mas, caso seja boa literatura, sempre haverá uma série de questões, e não de respostas. E é por meio dessas questões que aprenderemos a formular perguntas melhores. A literatura não é um manual de instruções. A leitura de *Hamlet* pode nos deixar felizes, apesar de não ser uma história feliz. Há algo que nos alegra na descoberta de que as palavras podem retratar a experiência, mesmo que a experiência não seja alegre.

SG — Você não acredita na *littérature engagée* [literatura engajada], que a literatura possa ter um impacto político?

AM — Ah, sim, mas *littérature engagée* precisa ser *littérature* antes de ser *engagée*. Centenas de autores escreveram sobre o Holocausto, centenas escreveram sobre as ditaduras militares nos países da América Latina e assim por diante, mas não basta ser contra alguma coisa para que seja literatura. Esse é um dos paradoxos terríveis: há certos poetas que sofreram desgraças terríveis e não conseguiram escrever um único poema bom. Infelizmente, ser uma vítima não nos dá um passaporte para o Monte Olimpo.

SG — Como Auden disse: "A poesia nada faz acontecer".

AM — Auden estava enganado. A poesia faz muita coisa acontecer. Um texto não é mais que palavras em uma página, mas tem a possibilidade de nos iluminar, de nos comover, de revelar coisas para nós. Ele pode fazer com que questionemos, com que pensemos. Mas isso é apenas uma possibilidade. Sou constantemente confrontado com frases e histórias e personagens brilhantes. Eles me comovem, mas então paro de ler e vou tomar um café. Nada mudou. Mas na verdade algo mudou, há alguma faísca. Às vezes.

Para algumas pessoas, isso não acontece, porque elas não estão abertas para o que a literatura está dizendo. Posso dizer o que acontecerá se Trump for reeleito. Está escrito, está em tantos romances e contos. E as pessoas dizem "ok, isso é muito interessante!". Mas aí vão lá e fazem as coisas como se elas nunca houvessem sido escritas.

SG —— Por que isso acontece?

AM —— Por que a literatura não nos transforma? Porque a relação de um leitor com um texto é dialética. Se o leitor não se engajar com o texto, se não o contradisser, não se opuser a ele, não concordar com ele, não fizer comentários sobre ele, não o incorporar à própria vida, nada acontecerá. Por que o leitor não se engaja? Talvez por medo, por preguiça, por ignorância, por uma falta de confiança em suas próprias capacidades. Não sei.

SG —— Há uma ideia famosa de Kafka de que a literatura deveria ser o machado contra o mar congelado que está dentro de nós.

AM —— É uma frase bonita, mas não acho que esteja muito certa. Se a literatura nos atingir como um machado, ela destruirá, dilacerará. E o mar congelado dentro de nós é uma imagem de contenção, de algo que parou de fluir, mas que sugere uma fluidez anterior. Ainda assim, é uma imagem muito forte. Considero que um outro aforismo de Kafka é mais apropriado para a relação entre literatura, escritor e leitor. Se tivesse sido possível construir a torre de Babel sem a necessidade de subir até o topo, diz Kafka, não teria havido proibição. A literatura é a construção de Babel sem a escalada da torre. As palavras são a expressão desejosa da experiência, mas não a experiência em si. E talvez isso baste. Em todo caso, basta para mim.

SG —— Em seus livros, você fala sobre "a ética da leitura". O que você quer dizer com isso?

AM —— Quero dizer duas coisas. Há três atores na *performance* literária: o escritor, o leitor e o texto. Eles interagem. Cada um deles tem qualidades que dão cor à intervenção. Como vimos, o escritor pode ser uma pessoa horrível e, ainda assim, ter a inspiração poética para escrever um texto maravilhoso. A ética pessoal do escritor não importa. Alguém como Louis-Ferdinand Céline pode escrever um livro extraordinário que não será infectado pela ética do homem.

No caso do leitor, é diferente. O texto é filtrado pela malha ética do leitor. O leitor se permite um certo grau de interpretação. Em um recital de poesia, perguntaram a T. S. Eliot o que ele queria dizer com "três leopardos brancos sob um zimbro ao frescor do dia repousavam". Ele respondeu: "com 'três leopardos brancos sob um zimbro ao frescor do dia repousavam', quis dizer que 'três leopardos brancos sob um zimbro ao frescor do dia repousavam'". Esse é o leitor literal, que fala: "não posso ir além daquilo que as palavras dizem". A partir desse mínimo de interpretação, podemos ir subindo de gradação até alcançar a interpretação completamente livre, como quando o assassino de John Lennon lê *O apanhador no campo de centeio* e pensa: "Este livro me diz que devo matar John Lennon".

Acredito, no entanto, que a boa literatura possa ser definida como uma literatura que não é imoral. Aquilo que chamamos de boa literatura está imbuída de uma dose suficiente de ambiguidade para não permitir que o leitor estabeleça um juízo definitivo sobre o texto. Mesmo que um texto diga "todos os judeus devem morrer", caso seja boa literatura, isso precisará estar em um contexto que questiona essa declaração. Caso não esteja, então será um panfleto, como aquilo que Céline escreveu quando não estava produzindo literatura.

O FANTÁSTICO NA RELIGIÃO

SG —— Em geral, você não é visto como um autor judeu. Ainda assim, no contexto de sua primeira infância, todos eram judeus: seus pais, sua babá – e, além disso, sua família viveu no recém-criado Estado judeu de Israel. Quão judeu você se sente?

AM —— Até a adolescência, eu não tinha nenhuma ideia do que era o judaísmo. Vivíamos em Israel, mas, como meu pai estava representando a Argentina, tínhamos todos os feriados católicos. Eu sabia tudo sobre a Páscoa, o Natal e essas coisas. Ellin não me ensinou nenhuma oração, mas encontrei o pai-nosso em livros infantis. Aprendi de cor, já que achei que era algo agradável de repetir.

Quando voltamos a Buenos Aires, em 1955, fui mandado para uma escola inglesa aos 7, quase 8 anos de idade. Um dia, no caminho de volta para casa, um garoto no ônibus disse para mim, "ei judeu, seu pai ama o dinheiro, não ama?". Eu não entendi o que ele quis dizer com aquilo, porque meu pai não amava o dinheiro. As pessoas o acusavam de gastar muito e de dar presentes demais, nós nunca fomos ricos. Eu não fiquei ofendido. Quando cheguei em casa, contei à minha mãe sobre o incidente e só perguntei o que aquilo queria dizer. Minha mãe ficou indignada. Ela me tirou daquela escola e me mandou para o Colégio Pestalozzi, uma escola alemã.

A solução soa como uma ideia estranha: há um incidente de antissemitismo na escola inglesa, e como resolvemos? Mandando nosso filho para uma escola alemã! Mas a intuição de minha mãe estava certa. Depois da guerra, as pessoas das escolas alemãs eram ferozmente antinazistas. Mas, mesmo aí, eu não sabia de nada. Em minha adolescência, quando me aproximava dos 13 anos de idade, minha avó materna, que ia à sinagoga, quis que eu fizesse meu bar mitzvah . Ela arrumou alguém para me ensinar a decorar as orações, que eu repetia sem saber o que estava sendo dito, e tive meu bar mitzvah.

SG —— Como é sua relação com o judaísmo hoje?

AM —— Desde então, fiquei interessado no judaísmo da mesma forma como passei a me interessar por várias teologias. Sou fascinado pelo Talmude e por esse tipo de raciocínio, a relação com Deus. Na religião católica, o que me fascina é a construção de uma proposição fantástica que será explicada pela lógica. Leio discussões sobre a Trindade com mais fascínio do que leio qualquer romance de ficção científica, já que elas são muito inteligentes nas tentativas de definir o impossível. Uma boa parte da minha biblioteca é sobre teologia.

SG —— O que a religião significa para você?

AM —— Duas coisas me interessam na religião. Uma é a confirmação da necessidade de rituais. Acredito firmemente que precisamos de rituais. Precisamos deles para que nossas vidas sejam mais fáceis, para que o trabalho seja mais fácil. Tento ter rituais em tudo que faço. Não quero pensar sobre como preparo o café da manhã, não quero pensar como coloco a mesa e sirvo o café. Não quero que minha mente fique ocupada com essas coisas, e então tenho rituais para elas. E a religião nos permite rituais que dão um enquadramento para a reflexão sobre certas questões.

O que não gosto nas religiões é o dogma. Não gosto de uma resposta para cada questão, uma resposta que não pode ser discutida. Não gosto disso em Maimônides, não gosto disso no dogma cristão, acho que é o contrário da literatura. A literatura consiste em questões; o dogma, em respostas. No dogma cristão, temos uma desculpa muito fácil: isso aconteceu porque Deus tem seus motivos, e não podemos entender os motivos de Deus. Mas adoro a possibilidade de questionar, mesmo que o enquadramento seja limitado.

Nesse sentido, o Talmude é muito mais interessante, porque força um diálogo com Deus. Nele, há um incidente em que um rabino afirma uma determinada coisa e outro responde "mas no 'Eclesiastes' se diz algo diferente!". Daí ambos concluem "isso está escrito no 'Eclesiastes', mas a pergunta está *aqui*". E então continuam a discutir, deixando a palavra de Deus de lado, e chegam a uma conclusão. Mais tarde, Elias se encontra com Deus e pergunta "o que você fará a respeito disso? Aquele rabino deixou seus argumentos de lado e chegou a uma conclusão que não é a sua!". Deus ri e diz "meus filhos me superaram!". Isso é judaísmo puro. Não seria possível pensar em uma ideia católica que pudesse ser mais esperta do que Deus.

PAI

SG —— Como eram seus pais?

AM —— A personalidade dos meus pais era muito definida, e não vim a conhecê-los de verdade até muito mais tarde, depois da minha adolescência. Meu pai era um bom homem que sofrera bastante com uma mãe muito severa e perversa. Chamávamos minha avó paterna de "vó magra" para diferenciá-la da minha avó materna, que era maravilhosa e a quem chamávamos de "vó gorda". A vó magra era inflexível e muito ríspida. O marido a havia traído e ela o expulsou de casa. Nós crescemos achando que ele estava morto. Quando eu estava próximo dos 30 anos de idade, meu irmão descobriu que ele ainda estava vivo e que estava morrendo. Meu pai cresceu à sombra dessa mãe, com uma irmã e dois irmãos. Teve que encontrar seu próprio caminho na vida. Meu pai tinha uma tendência a mentir, então não sei se esta história é verdadeira. Ele nos disse que vendia jornais na rua e que tocava violino em cafés para ganhar algum dinheiro. Ele acabou se tornando advogado e fez amizade com alguém próximo a Perón. Naquela época, depois da guerra, Perón estava vendendo passaportes para nazistas que queriam escapar da Alemanha. Havia uma grande comunidade nazista na Argentina, e a comunidade judaica ficou muito apreensiva. Então Perón, que era um político bastante habilidoso, decidiu nomear um embaixador para Israel, que estava para ser criado em 1948. Quando esse amigo de meu pai foi visitar Perón, meu pai o acompanhou. Perón gostou dele e disse "você é judeu, por que não se torna embaixador em Israel?". Foi assim que meu pai foi nomeado e, em 1948, enviado como embaixador para Israel.

A Argentina era um dos países mais ricos do mundo naquela época. Ela permaneceu neutra durante a Segunda Guerra Mundial, e assim pôde vender mercadorias tanto para os aliados quanto para a Alemanha. Meu pai tinha muito poder em Israel. Penso que ele fez algumas coisas boas. Mais tarde, percebi certa generosidade irresponsável nele, que convidou minha família: tias, tios, sobrinhos, para ir para Israel. Quando voltamos para a Argentina e aprendi espanhol, tentei iniciar algum tipo de relacionamento com ele. Mas sempre foi um relacionamento muito distante. Havia certos "momentos cerimoniais", como eu os chamava, como quando, por exemplo, ele levava meus dois irmãos e eu para o barbeiro no domingo de manhã. Ou então ele nos levava para comprar sapatos ou casacos ou para comer em restaurantes nos domingos. Nunca foi uma relação pessoal em que senti que pudesse falar com ele, fazer perguntas, ter um diálogo amigável.

Um dia, quando eu tinha 13 anos – minha irmã tinha 4, meus irmãos tinham 12 e 11 –, peguei o telefone de casa e ouvi parte de uma conversa de meu pai com uma mulher. Entendi que era uma conversa de amor e fiquei desnorteado. Essa é uma das situações em que a literatura não pode nos ajudar: eu havia lido um milhão de vezes sobre casos extraconjugais, a começar por Dido, mas fiquei desnorteado. Muito ingenuamente, fui até meu pai e disse "veja, sinto muito por ter ouvido essa conversa que você estava tendo com aquela mulher, mas não entendo, porque minha mãe...". Ele ficou furioso comigo e disse "nunca mais fale sobre isso comigo! Não quero que você diga uma palavra". Nesse momento, percebi que a possibilidade de conversa havia acabado. Nunca mais tentei me aproximar dele. Muito tempo depois, quando eu morava fora, tivemos alguns encontros, e ele foi me encontrar em Paris e Roma. Eu era *hippie* na época, com um cabelo muito comprido e tudo mais. Tivemos uma conversa, um jantar ou alguma coisa, mas nada além disso. Ele não sabia o que eu estava fazendo.

SG —— Como você se sentia sobre isso quando era criança?

AM —— Eu percebi que o relacionamento que eu tinha com meus pais não era como o que alguns de meus amigos tinham com os deles. Os pais os levavam para acampar ou assistir a jogos de futebol, coisas que, mais tarde, fiz com meus próprios filhos. Quando tive filhos, percebi quão impossível seria para mim deixar passar um fim de semana sem saber como eles estavam, onde estavam, o que faziam. Mesmo agora, que minha filha já tem mais de 40 anos. Para mim, é inconcebível que alguém não se preocupe com isso. Mas, quando parti para o mundo aos 19 anos de idade, eles não sabiam onde eu estava. Caso eu houvesse sido morto em algum lugar, eles só ficariam sabendo meses depois.

Mais tarde, acabei descobrindo que meu pai era bígamo, que havia se casado com outra mulher no Uruguai. Ele tinha uma filha com ela que, hoje, é uma meia-irmã muito querida por mim, nós nos amamos profundamente. Conheci minha meia-irmã logo depois de casar. Meu pai estava viajando com ela pela Europa. Não nos encontramos de novo até que eu voltasse para a Argentina, cinquenta anos depois. Temos uma relação muito bonita, ela tem uma família maravilhosa.

Naquela época, meu pai passava o final de semana conosco, sextas, sábados e domingos, e a semana no Uruguai com a outra família. Minha mãe obviamente sabia, mas não fez nada; era uma daquelas situações em que o casal tem seus acertos. Meus pais se separaram, mas não porque minha mãe se cansou, ainda que eles tivessem brigas enormes – odiávamos aquelas disputas de quem gritava mais alto. Aconteceu porque meu irmão mais novo, que se preocupava muito com minha irmã mais nova, disse, algum momento depois que eu já havia saído de casa, "se vocês não se separarem, irei embora e levarei minha irmã comigo". Naquela altura, minha mãe disse para meu pai "temos que nos separar". Depois da separação, meu pai ficou em um estado lastimável. Estava muito triste quando morreu; quem me contou foi minha meia-irmã. Ela precisou tomar conta dele, já que a mãe dela não se importava com ele. É uma história terrível.

Depois da separação, minha mãe também ficou em um estado lastimável por não estar mais com meu pai. Muitos anos depois do rompimento, meu irmão do meio foi ao cinema e, ao entrar, encontrou minha mãe e meu pai sentados juntos, abraçados, vendo o filme. Essa é uma lição que eu aprendi: não devemos julgar os relacionamentos de outras pessoas. Não temos como entender, não temos como saber.

MÃE

SG —— Como era sua mãe?

AM —— Minha mãe era de outro tipo de caráter. Ela era a mais nova de seis irmãs e um irmão, e foi a mais mimada de todos. Ela trabalhou como secretária do diretor de uma biblioteca em Buenos Aires. O homem era um linguista, e ela estava interessada em poesia, na poesia espanhola da Idade de Ouro e essas coisas, ela costumava recitá-la e cantá-la. Era uma mulher muito bonita, e amava a vida social. E então conheceu meu pai, e eles se casaram. Ela fez amizade com Evita Perón e, quando visitávamos Buenos Aires no tempo em que estivemos em Tel Aviv, Evita passava em nossa casa, pegava minha mãe e a levava para Paris para um frenesi de compras. A visão que eu, como criança, tinha de minha mãe era a de uma mulher lindamente trajada em vestidos e casacos de pele da Dior e que usava joias para ir a alguma festa. Ela sempre ia a festas, e eu ficava com Ellin. Era uma imagem muito distante. Eu sabia que era minha mãe, mas ela era essa mulher lindamente vestida que não se curvava para me pegar no colo ou algo do tipo.

Ela morreu dez anos atrás, aos 93. Meu irmão esteve com ela pouco antes disso. Ele fez uma pergunta que não havia feito até então, "por que sou o único dos três irmãos que não é circuncisado?". Meus dois irmãos mais novos nasceram ambos em Israel, na embaixada. A resposta de minha mãe foi "bem na hora em que você nasceu, o governo estava dando uma grande festa em homenagem a seu pai em Buenos Aires. Eu queria ir àquela festa, e tinha que voar de Tel Aviv para

Buenos Aires. Simplesmente não havia tempo suficiente para esperar pela circuncisão".

Se isto fosse um romance, eu precisaria escrever com muito cuidado para não tentar explicar a situação. Porque não há explicação. Para ela, isso era algo natural a se fazer, "há uma festa maravilhosa, por que eu não deveria estar lá?".

SG —— Parece que seus pais não sabiam o que ter filhos significava.

AM —— Muitos pais não sabem. Refleti sobre isso ao longo de toda a minha vida. Aprendemos a ler, a escrever, a andar, aprendemos como usar os talheres à mesa e aprendemos como dirigir um carro. Mas nunca nos ensinam como ser pai ou mãe. Isso só acontece quando *nós* viramos pais ou mães. Lembro que, quando minha filha mais velha nasceu, entrei em pânico. Ela nasceu prematura, e eu adorava aquela coisinha. Mas como segurá-la? Como aguentar as noites? Por que não nos ensinam essa habilidade absolutamente essencial que é ser um pai ou uma mãe – quais responsabilidades vêm a tiracolo, como sua vida mudará para sempre, como você nunca mais será independente de novo? Vou me preocupar com meus filhos até meu último suspiro. Por que ninguém nos conta isso antes?

Mas voltemos à minha mãe. Quando retornamos para a Argentina, em 1955, ela começou a mudar. Durante a adolescência, eu conversava com ela, ela tinha interesse em saber o que eu aprendia na escola, quem eram meus amigos, o que aconteceu quando fui ver Borges e os outros escritores e assim por diante. Acho que ela tinha bastante orgulho desse aspecto meu. Ela se deu por realizada quando virou avó. Quando meu irmão Johnny teve uma filha, minha mãe se entregou totalmente àquela criança, elas ficavam juntas dia e noite, nunca vimos tanta dedicação. Tudo o que ela não havia feito como mãe, fez como avó.

SG —— Como você se sentiu quanto a isso?

AM —— Eu tinha Ellin e, talvez de algum modo inconsciente, estava agradecido de que não havia uma competição. Eu tinha um pai e uma mãe em uma única pessoa, tudo isso só para mim.

SG —— Esse crescimento ao lado de Ellin moldou a forma como você lida com seus próprios filhos?

AM —— Sempre quis ter filhos e acho que as pessoas aprendem intuitivamente a ser pais. Quando eles nascem, são muito diferentes, percebemos que são personalidades independentes. Tentei nutrir neles as qualidades que cada um demonstrava, eu queria permitir que fizessem suas próprias escolhas. Não os castigava, ainda que houvesse algumas punições leves, mas nunca bati em meus filhos. Meu filho – tenho uma boa relação com ele, temos um senso de humor parecido – conta que, quando eu ficava bravo com eles, eles nunca acreditavam, porque eu sempre ficava com um sorrisinho nos lábios. Eu pensava: "mas que inteligente, isso que ele fez. Foi errado, mas inteligente". Algo disso vinha à tona quando eu ficava bravo.

DIRETOR DA BIBLIOTECA NACIONAL DA ARGENTINA

SG —— Em 2015, você foi indicado diretor da Biblioteca Nacional da Argentina. De 1955 a 1973, Jorge Luis Borges foi diretor da Biblioteca Nacional, e, por isso, quando ouvi a notícia, imediatamente pensei: Alberto Manguel está se tornando herdeiro de Borges.

AM —— O que você acaba de dizer é a razão pela qual pensei em não aceitar o cargo, e, depois, a razão que me fez aceitá-lo. Deixe-me explicar. Não há como ser herdeiro de Borges. Assim como Dante ou Shakespeare, Borges é único, e dizer que alguém é "o novo Dante" ou "o novo Shakespeare", esses comentários que às vezes lemos, é completamente disparatado.

Então pensei, isso é absurdo, não posso seguir os passos de Borges. Mas aí lembrei de algo que Borges dissera: a modéstia é a pior forma de orgulho. Então concluí que não poderia ter a arrogância de recusar a oferta.

Quando Borges se tornou diretor da Biblioteca Nacional, foi uma honra, um reconhecimento após a queda de Perón.

Perón tentara difamar Borges, não o próprio Perón, claro, ele não leria Borges, mas seus apoiadores queriam difamar Borges porque ele não apoiava Perón. Quando Perón caiu, Victoria Ocampo e outros intelectuais sugeriram que Borges deveria ser diretor da Biblioteca Nacional. Simbolicamente, ele adorou, e aceitou porque significava viver naquilo que ele chamava de paraíso.

SG —— Borges havia estudado para ser bibliotecário?

AM —— Não, não havia. Isso foi algo que aprendi muito rápido quando trabalhei na biblioteca: você precisa estudar para ser bibliotecário. Borges não trabalhou como bibliotecário. Ele usava o escritório da biblioteca para ditar textos para seus secretários, para que lessem livros para ele, para se encontrar com jornalistas e amigos e para estar em meio aos livros. Dessa forma, ele se tornou um símbolo da biblioteca, mas alguém ainda precisava fazer o trabalho de bibliotecário: examinar orçamentos, cuidar da administração, da catalogação etc. Para Borges, essa pessoa foi José Edmundo Clemente, era ele quem trabalhava de verdade. Eles também escreveram um livro juntos sobre a linguagem de Buenos Aires.

SG —— Como foi para você voltar à Argentina depois de todos aqueles anos?

AM —— Minha relação com a Argentina é uma relação com Buenos Aires. Nasci em Buenos Aires, fui embora poucos meses depois e voltei aos 8 anos de idade. Toda minha educação escolar aconteceu em Buenos Aires. Aqueles foram os anos essenciais de minha formação intelectual, os anos de meu ensino médio até 1969. É claro que há uma relação forte com o lugar. Mas então vi, do exterior, a ditadura militar e as consequências do peronismo. O peronismo é um tipo de ideologia fascista que abarca desde a extrema direita até a extrema esquerda. Quando um jornalista francês perguntou a Perón "o que é o peronismo?", ele disse "na Argentina, 30% são conservadores, 30% são liberais, 20% são socialistas, 1% é..." e assim por diante. O jornalista insistiu, "mas quem são os peronistas?". Ele respondeu "todos esses são peronistas". Com isso em mente e com muitos amigos no exílio, torturados e mesmo mortos pelos militares, a Argentina se tornou, para mim, um país de fantasmas.

Quando voltei depois de cinquenta anos para me tornar diretor da Biblioteca Nacional, eu disse "estou me mudando para a Biblioteca Nacional". E, quando me perguntavam sobre a Argentina, eu respondia "eu vivo na Biblioteca Nacional". Minha concentração estava inteira na biblioteca.

SG —— Quais eram seus planos?

AM —— Eu queria que a biblioteca fosse uma instituição internacional no sentido em que Borges queria que ela fosse uma instituição universal. Assinei acordos com mais de trinta bibliotecas estrangeiras: a Biblioteca do Congresso dos Estados Unidos, as Bibliotecas Nacionais da Alemanha, da França, da Espanha. Eu queria que houvesse intercâmbios, bolsas de estudo. Mas a Argentina é muito nacionalista. Eles acham que o que importa é o que acontece dentro do país, que todo o resto é só propaganda estrangeira, e minhas ideias não seguiram adiante. Borges teve que lutar contra a mesma coisa, ele era acusado de não ser patriota o suficiente. Quando publicou *Ficções*, seu livro mais importante, foi ignorado pelo prêmio nacional de literatura, que foi dado a alguém que escreveu um romance sobre *gauchos*.

SG —— Se os argentinos são tão nacionalistas, por que você foi escolhido? Você havia deixado o país para não voltar.

AM —— O governo de Mauricio Macri queria alguém que lhes desse prestígio. Peço desculpas por me referir a mim mesmo dessa forma, mas realmente não há ninguém com formação argentina que tenha escrito sobre bibliotecas e livros da forma como escrevi, com livros publicados em 35 países. Então eles acharam que poderia dar certo. Eles pensaram "ele é neutro, não nos criticará".

SG —— E ficaram satisfeitos com você?

AM —— Ficaram satisfeitos e desconfiados. Satisfeitos porque eu estava dando o prestígio que eles queriam. O Ministério da

Cultura tinha um *site*, e a Biblioteca Nacional sempre era a primeira coisa a aparecer, "A Biblioteca Nacional adquire a coleção mais prestigiosa de...", "A Biblioteca Nacional convida Margaret Atwood, e esta será sua única fala na Argentina". Havia sempre algo do tipo, e então eles estavam satisfeitos. Consegui a doação da biblioteca mais importante que estava em mãos particulares: a de Bioy Casares e de Silvina Ocampo, com anotações e correspondências de Borges. Ela estava à venda por 1 milhão de dólares. Conseguimos que o preço fosse reduzido para 500 mil dólares e, depois, encontramos doadores dispostos a comprá-la. Eu fazia visitas semanais para procurar mais doadores. A biblioteca adquiriu um prestígio enorme.

Mas então comecei a falar. Deixe-me dar um exemplo. Nos anos 1970, a Biblioteca Nacional se mudou de um belo *palazzo* antigo que ficava na parte velha da cidade, na Calle México, para a monstruosa torre brutalista em que está agora. Um prédio feio e completamente inapropriado para uma biblioteca por milhões de razões técnicas. Os Kirchner transformaram o antigo *palazzo* em um salão de ensaios para danças tradicionais. O prédio era lindo, Borges havia trabalhado ali, mas estava desmoronando. Ele pertencia ao Ministério da Cultura, e eu queria que eles o devolvessem para a biblioteca. Minha ideia era criar um centro internacional de estudos borgianos com acesso a todos os livros anotados por Borges. Comecei a escrever para editores de todo o mundo pedindo pelas traduções de Borges que eles houvessem publicado, convidei estudiosos e tudo mais. Mas o ministro estava hesitante, porque não queria tanto assim expulsar os dançarinos populares. Na coletiva de imprensa em que anunciei a doação da coleção de Bioy Casares e de Silvina Ocampo à biblioteca, eu disse "e, graças ao ministro, poderemos hospedar o Centro de Estudos de Borges no prédio da Calle México, que será devolvido à Biblioteca Nacional". Essa foi minha manobra política: o ministro não poderia mais voltar atrás. Ele não gostou muito disso.

SG —— O que você aprendeu durante aquele tempo?

AM —— Quando me tornei diretor, percebi imediatamente que precisava esquecer dos livros, esquecer da escrita, esquecer da leitura e me tornar um administrador. Aprendi administração, burocracia, coisas em que jamais tocaria. Sou um administrador muito ruim quanto a meus próprios assuntos, nunca sei que dinheiro gastei, mas fui obrigado a aprender e me tornei um administrador muito competente. Assumi o papel de facilitador. Havia quase mil empregados, a maioria deles muito especializada: eles sabiam catalogação, digitalização, restauração, aquisição de livros, coisas sobre as quais eu não sabia nada. Tive a grande sorte de que minha amiga, a bibliotecária de livros raros Jillian Tomm, das bibliotecas da Universidade McGill, havia se mudado para a Argentina um ano antes, e ela aceitou se tornar minha conselheira técnica. Eu não teria sobrevivido àquele primeiro ano sem a ajuda de Jillian. Ela havia estudado para ser bibliotecária, e eu não.

SG —— Por que o cargo de diretor da Biblioteca Nacional não é oferecido a bibliotecários?

AM —— Em quase todos os países, o papel de diretor seria concedido a um bibliotecário, e não a uma figura simbólica, e, em qualquer outro país, a biblioteca seria independente do governo. Você sabe quem é o diretor da biblioteca nacional da Alemanha? Da Suíça? Todos os argentinos sabem quem é o diretor da Biblioteca Nacional. Eu não conseguia sair à rua sem ser reconhecido, e tinha que ter muito cuidado para não cutucar o nariz em algum café. É uma posição política, o que é absurdo. Foram raríssimas as vezes em que os diretores da Biblioteca Nacional da Argentina eram bibliotecários; eles eram escritores, políticos, filósofos, economistas. E frequentemente eram nomeados como um favor do governo no poder.

Quando fui escolhido, pensei que seria visto como neutro, já que não vivia na Argentina havia meio século e não tinha expressado opiniões políticas. Descobri que, na Argentina, o discurso político não é um discurso intelectual, mas uma troca de insultos de torcidas organizadas de futebol. Um lado diz "morte a esta pessoa!". O outro responde "morte àquela pessoa!". E ninguém escuta o que o outro está dizendo.

SG —— O que você quer dizer, mais exatamente?

AM —— Vou dar um exemplo. Logo depois de chegar a Buenos Aires, peguei um táxi, e o motorista estava ouvindo um programa esportivo no rádio. Os dois times rivais do futebol argentino são o Boca e o River. Eles estavam entrevistando um antigo torcedor do Boca sobre o jogo que o time havia acabado de disputar, e o homem disse, "sempre torci pelo Boca, mas no último sábado o River se saiu muito bem, enquanto o Boca jogou de forma abominável". Então houve uma enxurrada de ligações de ouvintes com insultos ao velho torcedor, era como um bando de fanáticos religiosos. E é exatamente a mesma coisa na política: quando você é um kirchnerista ou mesmo um peronista, você se opõe ao governo que não é kirchnerista ou peronista, e vice-versa. Nenhum partido ou grupo acredita que o outro poderá fazer alguma coisa certa, e as pessoas farão o que estiver ao alcance delas para derrotar seus rivais, mesmo que seja ilegal. É a ética de Martín Fierro.

SG —— Como você lidou com isso?

AM —— Eu fiquei abalado com esse clima de irresponsabilidade social e cívica. Eu tinha a experiência do Canadá, completamente oposta. Tentei administrar enquanto a batalha política era travada ao meu redor. Nos jornais da oposição, tudo o que eu fazia era ruim, e, nos jornais da situação, tudo o que eu fazia era bom. Eu estava nos jornais o tempo todo, minha foto na primeira página. Eu descobri o poder que às vezes a imprensa pode ter. O jornal de oposição pegava um elemento que era real e, depois, transformava em uma mentira enorme.

SG —— O que aconteceu com você?

AM —— Deixe-me dar dois exemplos. Uma das primeiras coisas que fiz na biblioteca foi montar uma exposição enorme sobre Borges para o trigésimo aniversário de sua morte, em 2016. A biblioteca não tem nenhum manuscrito de Borges, a maior parte deles foi comprada por universidades estadunidenses. Então comecei a implorar e a suplicar e finalmente encontrei um livreiro nos Estados Unidos que tinha um manuscrito das mãos de Borges para "Pierre Menard, autor do *Quixote*", que para mim é o texto fundacional da literatura dos séculos XX e XXI. O manuscrito valia 1 milhão de dólares, mas consegui convencer o homem a emprestá-lo para mim, e então fiz com que a biblioteca contratasse um seguro de 1 milhão de dólares. Quando trouxe o manuscrito comigo, vindo de Nova York, a seguradora fez com que eu fosse recebido no aeroporto por uma escolta armada, que levaria o manuscrito até o cofre da Biblioteca Nacional. Um milhão de dólares na Argentina!, caso soubessem que eu estava a caminho, meu carro teria sido parado. Na manhã seguinte, o jornal de oposição disse "Algo inédito desde a ditadura militar: o novo diretor da Biblioteca Nacional é conduzido à biblioteca por guardas armados!". Nenhuma menção ao manuscrito.

SG —— Quais foram as consequências?

AM —— Nenhuma. As pessoas diziam "quem ele pensa que é?". Claro, é absurdo, mas o que podemos fazer? Um segundo exemplo. Em uma entrevista, eu disse "não farei como o diretor anterior, que colocou esposa, irmã e filha em cargos da biblioteca". Nenhuma delas era bibliotecária, é claro. Um aparte engraçado: houve uma carta furiosa em que o antigo diretor da biblioteca disse "jamais empreguei minha irmã na biblioteca. Foram apenas minha esposa e minha filha". Mas uma sobrinha minha, que tem o mesmo sobrenome que eu, trabalhava como secretária no Ministério da Cultura havia trinta anos, com passagens por muitos governos diferentes. E agora o jornal de oposição publicava um artigo em que dizia "o novo diretor quer parecer limpo, mas deu à sua sobrinha um emprego na biblioteca. E pior: ela nem mesmo vai para o trabalho na Biblioteca Nacional!". Não há resposta para isso. Não há como explicar pela lógica, porque ninguém ouvirá seus argumentos.

Por causa dessa relação complicada com a imprensa, eu era muito cuidadoso quando dava entrevistas. *The Globe and Mail* é um jornal de Toronto para o qual trabalhei e pelo qual eu tinha muito respeito e, por isso, quando me pediram uma entrevista, concordei. No fim das contas, a jornalista era kirchnerista e inverteu completamente a entrevista. Ela entrevistara o diretor anterior e os comparsas dele, que me criticaram e disseram coisas que não eram verdade. Quando o artigo foi publicado, meus amigos no Canadá ficaram incrédulos e escreveram cartas para mim. Na França, um jornalista da revista *on-line Mediapart* fez uma pesquisa e corrigiu os erros. Eu apenas deixei que eles debatessem entre si.

SG — Deve ter sido difícil concluir algum projeto sob essas circunstâncias.

AM — Foram essas as coisas com que me confrontei. E não era só política nacional. Desde a adolescência, apoiei organizações de trabalhadores e participei de manifestações, sempre acreditei que sindicatos eram importantes para a proteção dos direitos dos trabalhadores. Bem, não mais! Na Argentina, havia três deles, e um competia com o outro. O que eles queriam era o poder: quanto mais empregados pertencessem a um sindicato, mais poderoso ele seria. Eles subornavam os empregados que se filiavam ao dizerem "protegemos seu emprego". Eles haviam exigido de governos anteriores que as pessoas não tivessem contratos de longo prazo, mas apenas contratos que precisassem ser renovados a cada ano. Dessa forma, eles podiam dizer aos empregados "caso vocês queiram que seus contratos sejam renovados, precisarão se filiar, ou então deixaremos que vocês sejam demitidos".

Era absurdo, porque os empregados não tinham direitos previdenciários e todos os tipos de garantias que vêm com contratos normais. Eu estava fazendo pressão para mudar esses contratos para contratos normais, mas não fui bem-sucedido. Os sindicatos estavam em negociação constante com o governo ao qual supostamente deveriam se opor.

Pouco antes de minha chegada, o governo decidiu que mil empregados era demais. Pouco antes da derrota do governo de Cristina Kirchner, o diretor da biblioteca havia conseguido a contratação de trezentos novos empregados. Essas pessoas não tinham experiência nenhuma; mal sabiam ler e perambulavam por aí dizendo "o que tenho que fazer?". Algumas recebiam salários sem nem mesmo ir à biblioteca. Assim, o novo governo decidiu demitir trezentos empregados. O governo fez uma reunião secreta com os sindicatos, que forneceram uma lista de trezentas pessoas que poderiam ser demitidas, já que não eram filiadas. O governo as demitiu, e isso foi um grande escândalo. Quando cheguei, descobri que teria que readmitir essas pessoas, porque as demissões haviam atingido a maioria dos bibliotecários profissionais: todas as pessoas que sabiam o que fazer. A maioria das pessoas que havia permanecido eram as que haviam sido contratadas por serem amigas do antigo diretor corrupto.

SG —— Como era o seu dia de trabalho na Biblioteca Nacional?

AM —— Uma coisa que eu tentava fazer era percorrer a biblioteca inteira, aquela torre enorme para mil pessoas. Contando os porões, são nove andares, e então é como caminhar por labirintos. Eu queria ver todas as repartições, falar com os funcionários e perguntar "do que você precisa? O que você faz?". Havia repartições em que me diziam, "nunca, em trinta anos, um diretor veio nos visitar". Um dia vi uma mulher que me olhava com raiva e disse a ela "vejo que a madame não está de acordo com o que estou falando. Pode me dizer o porquê?". A mulher respondeu (estou inventando o nome) "você demitiu Sarah Smith, e isso é tão injusto, ela precisa do salário!". Por puro acaso, naquela manhã meu administrador viera até mim com os relatórios e dissera "veja esta mulher, Sarah Smith: ela está recebendo salário há três anos, mas nunca veio à biblioteca. Estamos enviando seus cheques para uma cidade a 320 quilômetros de Buenos Aires". Eu disse à mulher "veja, a senhorita Smith não veio à biblioteca nos últimos três anos, e por isso tivemos que demiti-la". E a mulher respondeu, sem ironia, "como você espera que ela venha à biblioteca todos os dias? Ela mora a 320 quilômetros daqui!".

SG —— Isso parece algo saído de um romance.

AM —— Só que em um romance você não acreditaria, porque é absurdo demais. Havia tantos casos como esse. Mas também passamos a conhecer a vida de pessoas pequenas, ou melhor, a pequena vida de grandes pessoas em seus cubículos, que estão passando por dificuldades e, quando falamos com elas, descobrimos quão difícil é sua vida, com aquele salário minúsculo. Se essa biblioteca pudesse ser retirada da política dos sindicatos, seria uma instituição incrível. Há pessoas tão maravilhosas ali.

SG —— Por quanto tempo você ficou lá?

AM —— Dois anos. Fui indicado no final de 2015. Não pude ir imediatamente, porque tinha que terminar meus cursos em Princeton e Columbia. E isso também foi criticado, uma intelectual argentina, Beatriz Sarlo, disse "isso é um escândalo! Por um cargo como esse, ele deveria ter deixado tudo para trás e vindo no mesmo instante". Essa é a ideia argentina de responsabilidade: você se compromete a dar um curso e, caso algo melhor apareça, joga tudo para o alto e deixa seus estudantes na mão.

O governo não tinha nenhum interesse na cultura. Eles rebaixaram o ministro da Cultura a secretário da Cultura e, no final do governo, não havia mais Ministério da Cultura. Sempre que precisava de dinheiro para consertar o ar-condicionado ou a iluminação, eu ia ao ministro e dizia "caso não consigamos o dinheiro, fecharei a biblioteca e será um escândalo enorme". Eu tirava vantagem do fato de que aparecia todos os dias no jornal, e então eles me davam um pouco mais de dinheiro. Era muito exaustivo.

SG —— Como chegou ao fim?

AM —— A certa altura, eu disse "não tenho a energia necessária". Caso tivesse 20 anos de idade, ficaria para lutar e morrer no *front*.

Minha irmã havia encontrado para mim um pequeno apartamento perto do trabalho, e eu chegava à biblioteca toda manhã às 6h, de modo a estar lá antes de todos os outros, e não parava de trabalhar até 2 ou 3 da manhã, porque tínhamos reuniões de negócios, jantares e assim por diante, sete dias por semana. Ao mesmo tempo, eu estava entusiasmado, porque fazíamos um trabalho maravilhoso. Foi uma das experiências mais importantes da minha vida. Faria de novo, sem dúvida. Queria ter tido mais energia para continuar.

SER ALFABETIZADO

SG —— Por que lemos livros?

AM —— Nem todo mundo lê livros. Algo acontece em sua vida, em um certo momento, e, caso você faça parte de uma sociedade em que há palavra escrita, você será colocado em contato com a palavra escrita. Haverá um elo imaginativo entre a palavra escrita que poderá ou não criar uma atração em direção a ela. Borges disse certa vez que a leitura não pode ser obrigatória porque a felicidade não pode ser obrigatória, eu não posso forçar ninguém a amar outra pessoa ou a ser feliz em uma determinada situação – isso pode acontecer ou não. O pintor James Whistler disse "a arte acontece". Angelus Silesius afirmou "*die Rose ist ohne Warum*", a rosa não tem por quê. A arte não tem por quê. Temos que aceitá-la como um presente que nos é dado sem motivo.

SG —— Os leitores são uma pequena minoria. A maioria das pessoas vive confortavelmente sem ler.

AM —— Encontrei respostas de vários tipos: sociológicas, políticas, psicológicas, econômicas, mas nenhuma delas é completamente satisfatória. Eu poderia dizer que uma sociedade de consumo precisa de consumidores e, por isso, não estimula a leitura, porque, como leitores, somos consumidores muito ruins, a não ser que se trate de livros. Como leitores, somos treinados a fazer perguntas como "por que eu deveria comprar estes *jeans* rasgados por quinhentos dólares só porque eles têm a etiqueta da Gucci?".

A sociedade de consumo é uma explicação, a política é outra. Os políticos não encorajam a leitura. Não acredito em nenhum político que estimule campanhas de leitura. Como político, seja de direita, esquerda ou centro, você é sustentado por pessoas que precisam se tornar fanáticas por você. Você não quer leitores, que falarão "ok, você diz que devemos deixar os imigrantes entrar? Mas sob quais condições, e quem são eles?". E, caso você seja um político que afirme "não deixaremos os imigrantes entrar neste país", os leitores dirão "mas precisamos de uma força de trabalho, e essas pessoas se tornarão nossas inimigas caso nos voltemos contra elas". Como político, você não quer ter que responder a questões como essas.

Não acredito nem mesmo em intelectuais quando dizem que todos deveriam ser leitores. A maioria dos intelectuais sente que tem direito a uma certa posição hierárquica e, em segredo, supõe que é melhor que os outros.

Em todas as sociedades, os leitores são e sempre foram poucos. Nas primeiras sociedades mesopotâmicas, os escribas eram os únicos com o poder da leitura, os únicos que podiam dizer aos reis "é isto que a lei diz". Isso lhes concedia um poder extraordinário, já que podiam alterar suas leituras.

Até hoje, o número de cidadãos que são alfabetizados é sempre baixo demais, seja na Suíça ou nos Estados Unidos ou no Canadá.

SG —— Alfabetizados em que sentido?

AM —— Há três níveis de alfabetização. O primeiro permite que o cidadão assine seu nome e leia placas com as instruções que, por convenção, a sociedade coloca para todos nós: "banheiro", "vire à direita", "entrada proibida". No segundo nível de alfabetização, a pessoa consegue ler um jornal ou um romance, pode nos contar a história de um livro. O terceiro nível é muito raramente alcançado. Ele permite que o leitor pegue o texto e o transforme em uma experiência pessoal e em uma experiência do mundo. Nesse nível, posso dizer "este romance iluminou para mim certas partes do mundo e de mim mesmo sobre as quais tenho perguntas". Ele me dá as palavras para a formulação de questões melhores. Esse nível é muito difícil de alcançar, porque nossa sociedade valoriza a superfície, o agora, o momento exato em que estamos. Somos uma sociedade sem passado. Na Idade Média, era essa a definição de inferno: o lugar de um presente constante.

SG —— Você está falando das sociedades ocidentais?

AM —— Todas as sociedades. Veja a China, veja os países árabes. Visitei o Iraque durante a época de Saddam Hussein. A cidade inteira de Bagdá estava coberta de imagens de deuses assírios, aqueles leões alados com rostos humanos, mas os iraquianos não tinham nenhum tipo de relação com esse passado de 3 mil anos. Para as sociedades árabes, a história começa com Maomé. Toda história pré-islâmica é sem importância. Para o Iraque de Saddam, a história começava com Saddam.

Somos sociedades sem passado. O movimento global de derrubada de estátuas de donos de escravos e de colonialistas não é apenas um gesto de rejeição daquela doutrina. Rejeitamos a escravidão, é claro, mas também é uma rejeição da história. Podemos acabar com um presente em que haverá racismo, mas não saberemos por quê. Perguntaremos "de onde veio isso? Por que somos racistas hoje?". Se não tivermos conhecimento sobre a história da escravidão e se não tivermos imagens dessa história, como poderemos entender nosso presente? O presente não é mais do que um reflexo do passado.

SG —— Por que perdemos essa conexão com o passado?

AM —— O passado sempre levanta um dedo acusador contra nós. Ele nos diz que não somos isentos de culpa, que somos ao menos em parte produtos dos pecados do passado. A começar no século XX, e sobretudo nos Estados Unidos capitalistas, as noções de equidade e de empatia democrática entraram em conflito com as ideias de poder econômico e de capitalismo. Pouco a pouco, questões sobre a validade do passado foram sendo introduzidas, e as pessoas passaram a questionar o sistema tributário com afirmações no sentido de que o governo estaria infringindo nossos direitos ao nos obrigar a pagar impostos por escolas mesmo que não tivéssemos filhos. Por que eu deveria gastar com os outros o dinheiro que eu ganhei? Mas, se você não quer gastar com os outros, você precisará ignorar o passado e as circunstâncias que fizeram com que você seja quem é. Você vive no seu presente e adota uma filosofia que, encorajada por Henry Ford, um simpatizante dos nazistas, coloca você mesmo em primeiro lugar. Ford disse que todo estadunidense deveria poder comprar um carro não para compartilhar, mas para seu próprio uso exclusivo, porque Ford queria vender carros. E estradas tiveram que ser construídas, não para beneficiar as comunidades, mas você e seu carro.

Somos consequência de nossos pecados (ou virtudes) passados, mas isso não significa que não possamos ir além deles. Somos o que somos, mas transformados naquilo que nos esforçamos para nos tornar. Nós contemos possibilidades infinitas de metamorfose, seja para nos tornarmos *Ungeziefer* [praga, parasita] ou cisnes.

A ÚLTIMA PÁGINA

SG —— Você se interessa pela religião, mas não é religioso.
AM —— Eu adoro questões, mas não acredito nas respostas. Não acredito em Deus, não acredito na vida após a morte, não acredito na alma. Não sei o que isso quer dizer. Para mim, tudo o que se considera alma está encarnado no meu corpo. Foi essa minha experiência com o derrame: aquilo estava acontecendo em meu cérebro e, quando ele para, para, não há nada além disso.

SG —— Você vê as religiões puramente como invenções humanas?

AM —— Elas são ficções maravilhosas, e ficções necessárias. A filosofia existencial diz "a morte é inevitável, precisamos aceitá-la. Mas, até que esse momento chegue, experimentamos um tipo de imortalidade, porque você não morrerá até o momento em que morrer". E, assim, brigamos e lutamos até esse momento, a vida é isso. Não é algo difícil para mim, porque estou perfeitamente preparado. Sócrates supostamente tentou aprender a tocar flauta na manhã da própria execução.

SG —— Ao mesmo tempo, criamos constantemente imortalidades simbólicas – escrevemos livros, temos filhos, enchemos nossas contas bancárias, participamos de movimentos políticos e assim por diante.

AM —— Eu acho que isso é fácil demais. O que é maravilhoso é escrever *A montanha mágica* sabendo que você morrerá.

SG —— Thomas Mann poderia ter dito "por que eu deveria escrever *A montanha mágica* se vou morrer de qualquer jeito?".

AM —— Caso adotássemos essa postura derrotista, não faria diferença nenhuma acreditar na própria imortalidade, porque, então, poderíamos dizer, "se tenho todo o tempo do mundo, por que deveria fazer isto hoje? *Manãna, mañana* [amanhã, amanhã]...". Este é outro dos dizeres de Ellin: "*Morgen, morgen, nur nicht heute, sagen alle faulen Leute*" [Amanhã, amanhã; hoje, não, dizem todos os preguiçosos].

SG —— Você chegou perto da morte algumas vezes. Como você se sente a respeito de seu próprio fim?

AM —— Tenho uma relação curiosa com a morte. Há um conto de fadas dos irmãos Grimm chamado "Os mensageiros da morte" (*Die Boten des Todes*), em que um jovem encontra a Morte caída na estrada. Ela foi espancada por um gigante, e o jovem a ajuda. A Morte diz "tenho que agradecê-lo, mas não posso poupar ninguém. Como precisarei buscá-lo no final, meu presente para você será que, antes, enviarei meus mensageiros". O jovem vive a vida dizendo a si mesmo "não morrerei até que os mensageiros da Morte venham". Um dia, a Morte bate à porta, e o homem diz "você prometeu que não viria desta forma! Você prometeu que mandaria seus mensageiros". A Morte responde "mas não enviei dores de dente, de cabeça, dores nos membros? Esses eram meus mensageiros".

Adoro essa história. Porque acredito que tudo o que acontece comigo é parte desse jogo de mensageiros e, ao final, o jogo chegará ao fim. E isso nunca me pareceu assustador. O que me assusta é a dor, mas não a vida terminar. Tem sido uma vida maravilhosa, uma experiência tão extraordinária. Eu diria que é o melhor livro que já li, e não posso esperar para ver o que virá com o último capítulo.

SG —— Ainda estou me perguntando por que você não tem medo da morte.

AM —— Talvez seja algo que venha das minhas experiências como leitor. Você sabe que o livro precisa ter uma última página. Um livro que continuasse para sempre seria insuportável, *Die unendliche Geschichte* [*A história sem fim*] não é para mim.

Por muito tempo, senti que esses mensageiros do conto de fadas dos irmãos Grimm haviam chegado, mas, para mim, a morte sempre foi a perda de alguma outra pessoa. Nunca foi o medo do que acontecerá comigo. Escreverei sobre isso em *Katabasis*, será um livro sobre a experiência que adquirimos com a perda. Aprendemos com o que já não está mais aqui, porque, até aquele momento, como *estava* aqui, não o percebíamos como parte constituinte de nós mesmos.

Isso acontece o tempo todo na sociedade. Quando, em meados do século XX, o automóvel se tornou o principal meio de locomoção, o treinador de corrida Bill Bowerman publicou *Jogging*, o primeiro livro que celebrava o uso de nossos próprios pés. Então não é por acidente que seja só com a chegada da internet e das mídias eletrônicas que as pessoas tenham começado a escrever sobre a leitura: a preocupação de que podemos perder o hábito de ler livros disparou um novo interesse no tema. Precisamos lembrar aquilo que estamos perdendo.

SG —— Ainda assim, é muito incomum não ter medo da morte.

AM —— Por que eu deveria ter medo? Eu gostaria que a *Commedia* de Dante não chegasse ao fim, mas sei que ela precisa terminar, ou seria insuportável. Por mais interessante que seja, nossa conversa seria insuportável caso continuasse para sempre.

Acho a vida tão rica, tão fascinante, tão interessante. Todo dia há uma surpresa. Borges costumava dizer que todos temos conhecimento do céu e do inferno, porque não há um único dia que passe sem que vivamos um momento de sofrimento e de alegria. A riqueza desses momentos é extraordinária e, para mim, eles tornam-se mais ricos porque sei que chegarão ao fim, que eu chegarei ao fim. Sei que, depois de meu último suspiro, meu cabelo continuará a crescer, minhas unhas continuarão a crescer, mas eu já não estarei mais ali. Meu corpo se desintegrará, e espero que sirva de alimento para os vermes e as flores do campo.

Não acredito em reencarnação, então é simplesmente um ponto final. Quando, no ano 2000, o *The New York Times* pediu a vários escritores que escrevessem sobre a invenção mais extraordinária dos últimos 2 mil anos, escolhi o ponto final.

SG —— Você está reconciliado com a morte porque está feliz?

AM —— Sem dúvida. Vivi uma vida encantada. Tive uma sorte extraordinária, uma sorte que não mereci. Sou feliz na consciência absolutamente inafastável de que morrerei. Essa é a experiência essencial de um leitor: todo livro tem uma última página, uma última palavra, um ponto final.

A BIBLIOTECA EM LISBOA

SG —— É setembro de 2020 e você está pronto para se mudar de novo, para Lisboa. Como se sente?

AM —— Agora que estou indo para Portugal, comecei a reler *Os Lusíadas*, de Camões. Este inventa um personagem maravilhoso: quando a frota de Vasco da Gama está prestes a deixar Lisboa a fim de explorar novas terras, um velho vai até a praia e diz "ah, vocês não vão conseguir, essas coisas sempre acabam mal". Estou relendo essas passagens agora por superstição. Mas todas as outras pessoas estão extremamente empolgadas.

SG —— E como é o prédio?

AM —— É um palácio maravilhoso na cidade velha de Lisboa. Não foi usado nos últimos 15 anos, mas está em boas condições. Os livros estão viajando neste momento de Montreal para Lisboa. Eles chegarão no começo de outubro, e, de início, serão guardados nos arquivos municipais para que sejam catalogados. Isso demorará bastante, mas os livros já estão em caixas há tanto tempo que mais um ano ou dois não farão diferença.

SG —— O que ter uma biblioteca significa para você?

AM —— Minha identidade está ligada à identidade da biblioteca dos livros que me rodeiam. Desde que era uma criança pequena, os livros eram minha janela para o mundo, eles eram meu vocabulário para o mundo. Graças a essa identificação do mundo e de mim mesmo com minha biblioteca, sempre senti necessidade de estar cercado de livros físicos. Quando os livros foram encaixotados em Mondion, senti que eu estava entrando em algum tipo de animação suspensa. O fato de que os livros voltarão para as prateleiras, que voltarão a ser o que Steiner chama de "presenças reais", será um momento determinante para mim. Estou contendo meu entusiasmo por superstição, mas sei que, quando isso acontecer, sentirei que sou eu mesmo de novo.

SG —— Uma biblioteca particular não é o mesmo que uma biblioteca pública.

AM —— Adoro bibliotecas e, quando estou em uma cidade nova, a primeira coisa que faço é visitar uma biblioteca. Mas uma biblioteca pública não é nada parecida com uma biblioteca particular. Uma biblioteca particular é parte de mim, e me sinto autorizado não só a colocar os livros em uma ordem que seja conveniente para mim, como também a trabalhar com os livros, escrever nos livros, colocar coisas nos livros, me apropriar dos livros. Ainda que na biblioteca pública eu possa desfrutar do espaço dos livros da mesma forma como desfruto da arte em um museu, não é igual à arte que tenho pendurada nas paredes de minha casa ou aos livros em que posso rabiscar.

SG —— Em Lisboa, sua biblioteca particular se transformará em uma biblioteca pública.

AM —— Você sabe o que aconteceu com Aby Warburg. Warburg organizava a própria biblioteca de uma forma que era intuitiva para ele, por associações que ninguém mais conseguia entender. Quando Ernst Cassirer foi visitar a biblioteca de Aby Warburg, pediu para sair depois de cinco minutos, porque achou que ia ficar louco.

Mas então, Fritz Saxl, o secretário de Warburg, o convenceu a abrir a biblioteca para pesquisas do público e, afinal, ele acabou fazendo isso. Imediatamente depois, Warburg precisou ser internado em uma clínica psiquiátrica. Isso não foi culpa de Saxl. Mas compreendo o estado mental de Warburg perfeitamente. É como se abríssemos nossa mente, os espaços mais privados de nossas mentes, para os outros. Eles podem vir, olhar o que tem dentro e ver o que você escreveu e como fez associações entre as coisas. Você precisa encontrar a força para aguentar firme enquanto sua mente está sendo invadida.

Tomei essa decisão principalmente por razões práticas. Eu poderia manter a biblioteca em caixas, porque jamais teria um espaço grande o suficiente como o que tinha na França, ou poderia doar os livros e torná-los públicos. É uma decisão entre trazer de volta à vida algo que você ama ou mantê-lo fechado por motivos egoístas. Sei que me sentirei estranho e que terei que encontrar estratégias para lidar com esse sentimento de ir até alguém que quer tirar um livro da prateleira, bater na mão dessa pessoa e dizer, *"nicht berühren!"* [não toque].

SG —— Como sua biblioteca acabou em Lisboa?

AM —— Em outubro do ano passado recebi um convite da minha editora, Tinta da China, para fazer uma apresentação sobre *Fabulous Monsters*. Eles também haviam publicado *Encaixotando minha biblioteca* e, durante um almoço, perguntaram "o que aconteceu com os livros?". Eu disse que eles ainda estavam em Montreal depois que todos os projetos para os organizar em outro lugar haviam dado em nada. Uma das editoras, Bárbara Bulhosa, disse "deixe-me falar com o prefeito. Lisboa começou a montar várias dessas instituições culturais, e, como todas as bibliotecas da cidade estão em língua portuguesa, talvez haja interesse". E o prefeito, Fernando Medina, disse imediatamente "sim, faremos isso, diga a Alberto que venha e assinaremos o acordo". Depois que a pandemia começou e eu já havia quase perdido as esperanças, o prefeito continuou a escrever para meus editores para dizer que ainda estava interessado. Ele me enviou um contrato para ser diretor da minha própria biblioteca. Eu não conseguia acreditar, é um conto de fadas.

SG —— Que tipo de instituição a biblioteca será?

AM —— Ela se chamará "Centro de Estudos da História da Leitura", o que remonta a meu livro *Uma história da leitura*. Como já disse, quando comecei minhas pesquisas no começo dos anos 1990, não havia literatura sobre a leitura da perspectiva que me interessava. Comecei a acumular uma biblioteca de livros sobre livros, livros sobre bibliotecas, livros sobre leitores, livros sobre técnicas de escrita e assim por diante, e então percebi que, no âmago de minha biblioteca, havia uma coleção de livros sobre a história da leitura. A biblioteca servirá como lugar em que as pessoas poderão pesquisar e escrever sobre a leitura.

Quando escrevo às pessoas da minha lista e pergunto se elas gostariam de estar no conselho da nova biblioteca, elas me respondem "é claro que estaremos no conselho, mas por que não fazemos um seminário lá?, quero levar meus estudantes". Há um interesse enorme nisso.

Tive por muitos anos um festival literário em Nantes, tive por alguns anos um festival em Gênova e outro no Canadá, quando dei um curso sobre jornalismo cultural por seis anos. Graças a essas experiências, conheço tantas pessoas no mundo das humanidades que elas aceitam os convites. Estou tão ansioso por isso.

A PANDEMIA REVISITADA

SG —— O ano de 2020 foi excepcional – para o mundo inteiro, mas também em sua vida pessoal. Tanta coisa mudou.

AM —— Isso é prova de que a vida é mudança. Depois da Argentina, morei em Nova York. Levávamos uma vida muito ordenada, de que gostávamos muito. De nosso apartamento podíamos andar até o teatro, podíamos decidir às 6 da tarde, depois do trabalho: ah, vamos a algum concerto, a algum teatro! Fazíamos caminhadas maravilhosas, há tanto para explorar em Nova York, é sempre empolgante. E encontrávamos pessoas tão interessantes, éramos convidados por elas para jantar e tínhamos conversas fantásticas. Era realmente encantador, e acho que em parte porque não éramos estadunidenses. Como canadenses, tínhamos o privilégio de apenas ficar por lá e observar.

E, de repente, acontece essa catástrofe que eu estava imaginando no horizonte. Com a pandemia, já não podíamos sair de casa, era uma prisão domiciliar. Deixamos Nova York no verão, mas nos mudarmos na pandemia foi uma loucura completa. Passamos três ou quatro meses turbulentos em hotéis de Montreal.

SG —— Nossas conversas começaram com seus pressentimentos. Quando você olha retrospectivamente para essa ideia de mudança iminente, o que exatamente você estava esperando?

AM —— Eu não sabia que tipo de coisa aconteceria. Parece místico, mas não é, era apenas um senso de saber que sou adaptável à mudança. Eu pensava que a mudança viria com um choque violento ao redor da questão da raça, e, em alguma medida, isso aconteceu com o *Black Lives Matter*. Mas certamente não imaginei que um vírus chegaria. Mas acho que deveríamos ter imaginado, porque os epidemiologistas disseram que não era uma questão de se, mas de quando. Como espécie, passamos a ser biologicamente frágeis e nos reunimos em cidades, então facilitamos as coisas para todos os vírus. Deveríamos ter imaginado.

SG —— Agora estamos há quase um ano na pandemia. Há algo que possamos aprender com isto?

AM —— Há um romance do autor japonês Ryu Murakami chamado *A guerra começa do outro lado do mar* – mas a pandemia está por toda parte. Estamos usando máscaras em Timbuktu ou em Paris, estamos sendo ameaçados pelo vírus na Itália ou no Uruguai. Quando somos ameaçados pelo mundo exterior, deixamos de procurar diferenças e nos voltamos para aquilo que nos mantém unidos. Até a pandemia, líamos sobre as vítimas da guerra na Síria, os imigrantes afogados e abandonados nas ilhas gregas, as guerras relacionadas às drogas na América Central – essas coisas estão lá fora o tempo todo. Com a pandemia, não existe mais lá fora. Os seres humanos estão se identificando como seres humanos porque são vítimas do vírus, e, desse modo, espero que com isso aprendamos a aceitar nossa identidade humana.

SG —— Esse é um pensamento bonito, mas a realidade parece ser diferente. Toda noite, quando me aconchego em minha cama quentinha, penso nos refugiados nas ilhas gregas, nos Bálcãs, em como os deixamos para lutar pela sobrevivência sob as circunstâncias mais extremas.

AM —— Não precisamos nem ir até os Bálcãs. Na cidade de Nova York, a lei estadunidense permitiu que proprietários de imóveis despejem pessoas que atrasem aluguéis mesmo durante a pandemia. Havia fotografias de partir o coração no *The New York Times* de famílias sendo despejadas no inverno, elas estão nas ruas sem comida, sem empregos, em um dos países mais ricos do mundo. Caso tratássemos um cachorro dessa forma, a Associação Protetora dos Animais ficaria em polvorosa.

É verdade: ser humano não é a mesma coisa para todo mundo. Somos privilegiados, e muitas pessoas sequer têm consciência desse privilégio.

UM NOVO CAPÍTULO

SG —— Estamos em dezembro de 2020 e você está em Lisboa há três meses. Você já se adaptou?

AM —— Meu apartamento fica em uma rua que é bastante curta, mas que tem um nome muito longo: "Largo do Doutor António de Sousa de Macedo". Então pensei: quem é esse homem? Pesquisei o nome dele e descobri que foi um estudioso e um político da Renascença que escrevia em latim, espanhol e, claro, português. Ele foi embaixador na Inglaterra na época de Carlos I, a época de Cromwell. Fascinante! Então estou escrevendo sobre isso. Tenho que estudar a história de Portugal, a história religiosa da época. António de Sousa de Macedo tinha muito interesse na ideia de um destino que determina a vida dos humanos. Como descobri, esse é um tema que perpassa toda a literatura portuguesa. "Fado" significa "destino", significa "fortuna"! Dante faz com que a Fortuna gire sua roda e se pergunte por que os humanos se preocupam tanto se seus destinos são bons ou ruins – não é algo que caiba a ela, ela só gira a roda.

Mas passo três horas trabalhando e escrevo uma frase.

SG —— Então você está entrando em Lisboa pela porta dos livros. E quanto à vida diária?

AM —— Eu adoro a língua, ainda que tenha muito caminho pela frente para que possa falá-la com fluência. Sinto dificuldades para entender, mas peço que as pessoas repitam, e então temos uma conversa. Estou fascinado pela psicologia dos portugueses.

Não quero cometer o pecado de rotulá-los, mas eu diria que são uma mistura extraordinária do que há de melhor nas culturas do norte da África e europeia. Há uma consciência da estrutura básica da sociedade, mas a organização da vida diária não funciona com a precisão metódica da Alemanha. Há um ritmo mais lento, que acho maravilhoso para a minha velhice. Tudo é lento, mas confortavelmente lento, não angustiantemente lento como em outros países em que vivi nos quais é tão complicado conseguir fazer alguma coisa que há a criação de um estado constante de angústia. Não é nada parecido com isso.

SG —— Mais uma vez, você está começando uma nova vida.

AM —— É tão maluco. Vou fazer 73 anos. É como chegar ao fim de um livro maravilhoso e, de repente, descobrir que há mais um capítulo! Imaginei que viveria em muitos lugares do mundo, adoraria viver em Veneza, Madri, Hamburgo, nas ilhas ao norte da Escócia, mas jamais pensei em Portugal, em Lisboa.

Espero ter um pouco de tempo para aproveitar tudo isto e realizar alguns dos trabalhos que quero fazer no Centro. Levará dois anos para instalá-lo. As pessoas estão me oferecendo serviços e ideias para eventos, elas querem vir e fazer visitas – sinto um forte acolhimento. Mas tenho bastante consciência de que tenho 73 anos e de que minha saúde não é das melhores.

SG —— Você parece bem saudável na tela!

AM —— *(Sorrindo)* Bem, não devemos julgar um livro pela capa.

SOBRE O ENTREVISTADO E A ENTREVISTADORA

Alberto Manguel é um cidadão argentino-canadense. Escritor, tradutor, editor e crítico, nasceu em Buenos Aires, em 1948. Publicou vários livros de ficção e não ficção, incluindo *Uma história da leitura*, *Encaixotando minha biblioteca*, *Dicionário de lugares imaginários* e, pelas Edições Sesc, *O leitor como metáfora* e *Notas para uma definição do leitor ideal*.

Recebeu diversos prêmios internacionais, entre eles: Comandante da Ordem das Artes e Letras, da França, e o Prêmio Alfonso Reyes, em 2017; Prêmio Gutenberg, em 2018. É doutor *honoris causa* das universidades de Ottawa e York, no Canadá, e de Liège, na Bélgica, e da Anglia Ruskin em Cambridge, Reino Unido. Foi diretor da Biblioteca Nacional da Argentina até agosto de 2018. Em setembro de 2020, Alberto Manguel doou sua biblioteca, composta de 40 mil volumes, para a cidade de Lisboa, onde irá dirigir o Centro para o Estudo da História da Leitura.

Sieglinde Geisel nasceu em 1965, em Rüti, no cantão de Zurique. Jornalista de cultura e literatura, mora em Berlim. Ela trabalha para Deutschlandfunk Kultur, SRF, Republik, NZZ am Sonntag, WOZ, Süddeutsche Zeitung, entre outros, e ministra oficinas de escrita pela Freie Universität Berlin, Universidade de St. Gallen. Fundou em 2016 a revista *on-line* de literatura *tell* (www.tell-review.de). Livros publicados: *Irrfahrer und Weltenbummler. Wie das Reisen uns verändert* (Viajantes errantes e *globetrotters*. Como as viagens nos mudam, 2008), *Nur im Weltall ist es wirklich still. Vom Lärm und der Sehnsucht nach Stille* (Somente no espaço é realmente silencioso. Sobre o barulho e a saudade do silêncio, 2010) e *Was wäre, wenn* (E se?, 2018) com Peter Bichsel, publicado pela Kampa Verlag.

Fonte
Piazzolla
Kensington

Papel
Capa
Supremo Alta
Alvura 250 g/m²

miolo
Alta Alvura 90 g/m²

Impressão
Colorsystem

Fevereiro de 2025

MISTO
Papel | Apoiando o manejo
florestal responsável
FSC® C084825